Gary Chapman

HILFE, ICH HEIRATE EINE FAMILIE!

Gary Chapman

Hilfe, ich heirate eine Familie!

So gelingt die Beziehung zu den Schwiegereltern

francke

Über den Autor:
Gary Chapman ist seit 30 Jahren ein international bekannter und gefragter Eheberater und Bestseller-Autor. Von „Die fünf Sprachen der Liebe" wurden weltweit über 10 Mio. Bücher verkauft, in Deutschland weit über 500.000 Exemplare! In den USA leitet er landesweit Ehe-Seminare. Er hat zwei erwachsene Kinder und zwei Enkel und lebt mit seiner Frau Karolyn in North Carolina.

Bibliografische Information Der Deutschen Bibliothek
Die Deutsche Bibliothek verzeichnet diese Publikation in der Deutschen Nationalbibliografie; detaillierte bibliografische Daten sind im Internet über http://dnb.ddb.de abrufbar.

ISBN 978-3-86827-315-1

Originaltitel: Marriage Saver Series #6 In-Law Relationships

Deutsch von Cornelia Rohleder
Umschlagbild: © iStockphoto.com / Joshua Hodge Photography
Umschlaggestaltung: Verlag der Francke-Buchhandlung GmbH / Sven Gerhardt
Satz: Verlag der Francke-Buchhandlung GmbH
Druck und Bindung: CPI Moravia Books, Korneuburg

www.francke-buch.de

Inhaltsverzeichnis

Einleitung

Seit mehr als dreißig Jahren sitzen die unterschiedlichsten Menschen in meinem Büro und klagen mir ihr Leid über ihre angeheiratete Verwandtschaft. Hier ist eine kurze Zusammenfassung einiger ihrer Beschwerden:

- „Meine Schwägerin macht mich noch verrückt! Sie erklärt mir, wie ich meine Kinder zu erziehen habe, obwohl sie selbst keine Kinder hat. Was weiß sie schon von Erziehung?"
- „Meine Schwiegermutter und meine Schwägerinnen schließen mich immer aus. Sie treffen sich jeden Samstag zum Frühstück und laden mich nie dazu ein. Sie wissen doch, dass meine Mutter und meine eigenen Schwestern ganz weit weg wohnen. Ich fühle mich bei ihren Frauengesprächen außen vor."
- „Wenn mein Schwiegervater zum Essen zu uns kommt, dann redet er nur über Sport, seine Arbeit oder über das, was er in der Zeitung gelesen hat. Er fragt nie danach, wie es uns geht. Ich habe das Gefühl, dass er überhaupt keine emotionale Bindung zu uns hat."
- „Mein Schwager versucht, meinen Mann zu kontrollieren. Er ist fünf Jahre älter und hat vermutlich schon sein ganzes Leben lang auf seinen kleinen Bruder aufgepasst, doch ich mag das nicht."

- „Unser Schwiegersohn hat uns unsere Tochter geraubt. Seit sie verheiratet sind, erlaubt er es nicht, dass sie zu unseren Familienfesten kommt."
- „Wenn meine Schwiegereltern uns zu sich einladen, dann laden sie immer alle ihre Kinder samt Familien ein. Ich wünschte, wir könnten auch einmal allein als Paar bei ihnen sein, ohne all die anderen."
- „Die Eltern meiner Frau schenken ihr Geld, damit sie sich die Dinge kaufen kann, die wir uns nicht leisten können. Ich ärgere mich so darüber. Ich möchte, dass sie uns unser eigenes Leben führen lassen."
- „Die Mutter meines Mannes will mir Kochen beibringen. Aber ich habe schon seit vielen Jahren für mich selbst gekocht, bevor wir geheiratet haben. Ich weiß, wie das geht! Ich brauche ihre Hilfe nicht."
- „Es ist so schwierig, einmal nur meinen Schwager und meine Schwägerin einzuladen, um etwas gemeinsam zu unternehmen. Meine Schwiegermutter ist geschieden, deshalb haben wir immer das Gefühl, wir müssten sie auch dazu einladen."
- „Die Eltern meines Mannes kommen ständig unangemeldet vorbei. Manchmal arbeite ich gerade an einem Projekt, das unbedingt fertig werden muss. Ich wünschte, sie würden Rücksicht auf unsere Zeitplanung nehmen."

Vielleicht können Sie dieser Liste ein paar Ihrer eigenen Klagen anfügen. Probleme innerhalb der angeheirateten Familie entstehen häufig, wenn Kontrolle, Einmischung, Belästigung und sich widersprechende Familientraditionen und Werte im Spiel sind. Ich möchte Ihnen mit diesem Buch einige praktische Ratschläge geben, wie Sie mit diesen Problemen fertig werden und freundschaftliche Beziehungen zu den Mitgliedern Ihrer neuen Familie aufbauen können.

Wenn zwei Menschen heiraten, dann heiraten sie nicht einfach nur einander – sie heiraten in eine andere Familie hinein, die aus Schwiegermutter, Schwiegervater, vielleicht auch aus Schwägerinnen und Schwagern besteht. Diese „Schwiegermenschen" gibt es in allen Größen, Formen und Persönlichkeiten. Sie schleppen eine Menge Familientraditionen mit sich herum und haben ganz bestimmte Verhaltensmuster, wie sie Beziehungen gestalten. Was auch immer wir über Familien sagen würden, in einem Punkt sind wir uns einig: Alle Familien sind unterschiedlich. Und diese Unterschiede führen häufig zu Anpassungsschwierigkeiten.

Wenn wir in der Lage sind, uns einander anzupassen, dann können wir positive Beziehungen zu unserer neuen Familie aufbauen. Wenn wir das nicht tun, dann können diese Beziehungen extrem problematisch werden. Das Verhältnis zu den Eltern – zu ihren und zu seinen – ist der häufigste Grund für Probleme in der Familie.

Gott hat Schwiegereltern nicht erfunden, um Probleme zu schaffen. Er wollte, dass sie unterstützen und helfen. Freiheit und Einigkeit sind die biblischen Ideale für eine Beziehung zu den Schwiegereltern. Um diesem Ideal nahezukommen, müssen die jungen Ehepartner beides schaffen: sich einerseits von den Eltern zu lösen und andererseits die Eltern weiterhin zu respektieren und zu ehren.

Sich von den Eltern lösen

Die Bibel sagt: „Darum verlässt ein Mann seine Eltern und verbindet sich so eng mit seiner Frau, dass die beiden eins sind mit Leib und Seele." (1. Mose 2,24, vergleiche auch Epheser 5,31) Gottes Vorstellung von einer Ehe beinhaltet das Verlassen der Eltern und die Vereinigung von Mann und Frau. Deshalb bedeutet eine Ehe auch eine Veränderung der Zugehörigkeit. Vor der Ehe ist man den Eltern verpflichtet. Nach der Hochzeit ist man dem Ehepartner verpflichtet.

Wir nennen das oft im übertragenen Sinn „die Nabelschnur durchtrennen". Wenn es einen Interessenskonflikt zwischen der Ehefrau und der eigenen Mutter gibt, dann muss der Ehemann zu seiner Frau halten. Das bedeutet nicht, dass er seine Mutter respektlos behandelt. Es bedeutet vielmehr, dass sie nicht länger die bestimmende Frau in seinem Leben ist. Das Prinzip der Loslösung von den Eltern ist äußerst wichtig. Wir werden in den folgenden Kapiteln sehen, wie dieses Prinzip seine Anwendung findet. Kein Paar kann das volle Potenzial in seiner Ehe ohne diese psychologische Trennung von den Eltern ausschöpfen.

Vielleicht ist die Ablösung von den Eltern in keinem anderen Punkt so wichtig wie in der Entscheidungsfindung. Ihre Eltern und Ihre Schwiegereltern haben vermutlich viele Vorschläge zu machen, die Aspekte Ihrer Ehe betreffen. Jeder Vorschlag sollte ernst genommen und erwogen werden, doch am Ende müssen Sie selbst Ihre eigenen Entscheidungen treffen. Sie dürfen es nicht zulassen, dass die Eltern Sie zu einer Entscheidung überreden, mit der Sie und Ihr Ehepartner nicht einverstanden sind.

Die Eltern ehren und respektieren

Das zweite fundamentale Prinzip der Ehe lautet, dass wir unsere Eltern ehren sollen. Gott gab den Israeliten die Zehn Gebote, worin es unter anderem heißt: „Ehre deinen Vater und deine Mutter, dann wirst du lange in dem Land leben, das ich, der Herr, dein Gott, dir gebe." (2. Mose 20,12; vergleiche auch 5. Mose 5,16) Im Neuen Testament bestätigt der Apostel Paulus dieses Gebot: „Ihr Kinder, gehorcht euren Eltern! So erwartet es der Herr von euch. ‚Ehre deinen Vater und deine Mutter!' Dies ist das erste Gebot, das Gott mit einer Zusage verbunden hat: ‚… damit es dir gut geht und du lange auf dieser Erde lebst.'" (Epheser 6,1-3)

Die Verpflichtung, unsere Eltern zu ehren, erlischt nicht, wenn wir heiraten. Das Wort „ehren" bedeutet, jemandem Respekt zu erweisen. Das bedeutet auch, dass wir die anderen mit Freundlichkeit und Würde behandeln. Eine Frau sagte mir: „Meine Eltern führen kein Leben, das ich respektieren kann. Wie kann ich sie ehren, wenn ich nicht mit ihrer Lebensweise einverstanden bin?“

Es stimmt, dass nicht alle Eltern ein Leben führen, vor dem man Respekt haben kann. Ihr Verhalten kann auch falsch sein. Doch weil sie nach dem Ebenbild Gottes erschaffen wurden und weil sie uns das Leben schenkten, sollen wir sie trotzdem ehren. Vielleicht stimmen wir nicht mit den Entscheidungen überein, die sie für ihr Leben getroffen haben, doch wir können sie als Menschen respektieren, selbst wenn wir ihr Verhalten nicht achten können. Es ist immer richtig, die eigenen Eltern und die Eltern Ihres Ehepartners zu ehren. Dass wir unsere Eltern verlassen, um zu heiraten, löscht nicht die Verpflichtung aus, sie weiterhin zu ehren.

Doch wie drücken wir unseren Respekt unseren Eltern gegenüber im Alltag konkret aus? Wir ehren sie, indem wir dafür sorgen, dass wir in Kontakt mit ihnen bleiben – durch Besuche, Telefonanrufe oder E-Mails. In jeder Art der Kommunikation sollten Sie nach Wegen suchen, um die Botschaft zu vermitteln: „Ich liebe euch immer noch und wünsche mir, dass ihr ein Teil unseres Lebens seid.“ Sich von jemandem zu lösen sollte niemals so interpretiert werden, dass man den anderen im Stich lässt. Regelmäßiger Kontakt ist ein Teil dessen, wie Sie die Eltern ehren können. Wenn das nicht gelingt, heißt die Botschaft, die vermittelt wird: „Ihr seid mir egal."

Ein anderer Weg, um die Eltern zu ehren und zu respektieren, wird im Neuen Testament beschrieben: „Sind aber Kinder oder Enkel da, dann sollen diese lernen, zuerst in der eigenen Familie Gottes Willen zu tun und ihre Angehörigen zu versorgen. Es gefällt Gott, wenn sie auf diese Weise ihre Dankbarkeit zeigen für das, was sie von ihnen empfangen haben." (1. Timotheus 5,4)

Als wir noch Kinder waren, kümmerten sich unsere Eltern um unsere körperlichen Bedürfnisse. Wenn sie nun älter werden, müssen wir vielleicht das Gleiche für sie tun. Falls sie Pflege brauchen, dann müssen wir die Verantwortung auf uns nehmen, dass für die Bedürfnisse unserer Eltern gesorgt wird. Diese Verantwortung zu vernachlässigen bedeutet, unseren Glauben an Jesus Christus zu vernachlässigen. Der Apostel Paulus mahnt: „Wer sich aber weigert, seine Angehörigen zu versorgen – vor allem die eigenen Familienmitglieder –, der verleugnet damit seinen Glauben; er ist schlimmer als einer, der von Gott nichts wissen will." (1. Timotheus 5,8)

Unser Glaube an Jesus Christus zeigt sich in den Taten, mit denen wir unsere Eltern ehren.

Aus Sicht der Eltern

Wenn wir Eltern von verheirateten Kindern sind, dann hilft es uns, wenn wir uns an unsere Zielsetzung erinnern. Seit ihrer Geburt haben wir unsere Kinder dazu erzogen, selbstständig zu werden – oder zumindest hätten wir es versuchen sollen. Wir haben ihnen beigebracht, sich etwas zu essen zu kochen, den Abwasch zu erledigen, das Bett zu machen, sich Kleidung zu kaufen, Geld zu sparen und vernünftige Entscheidungen zu treffen. Wir haben ihnen beigebracht, Autoritätspersonen zu respektieren und die Würde des Einzelnen zu achten. Kurz gesagt: Wir haben versucht, sie zu erwachsenen Menschen zu erziehen. Wir wollten sie so weit bringen, dass sie auf eigenen Füßen stehen können.

Wenn unsere Kinder heiraten, dann hat unser Bemühen, sie zu eigenständigen Persönlichkeiten zu erziehen, das Ziel erreicht. Wir haben es geschafft, dass sie aus der totalen Abhängigkeit eines Säuglings in eine vollständige Selbstständigkeit als erwachsene Persönlichkeiten und nun noch als Frischverheiratete gekommen sind. In Zukunft müssen wir sie als Erwachsene respektieren, die ihre eigenen Entscheidungen treffen werden, gute und weniger gute. Wir dürfen ihnen niemals unseren Willen aufzwingen. Wir müssen sie als Gleichberechtigte akzeptieren.

Das bedeutet jedoch nicht, dass wir unseren verheirateten Kindern nicht mehr helfen dürfen. Es bedeutet lediglich, dass wir sie vorher fragen, wenn wir den Wunsch haben, ihnen zu helfen. Ein unwillkommenes Geschenk ist kein Geschenk, sondern eine Last. Manche Eltern unterstützen ihre Kinder auch nach der Hochzeit noch finanziell, damit sie einen Lebensstil führen können, den sie sich ansonsten nicht leisten können. Ein solches Verhalten fördert keine Selbstständigkeit. Ebenso sollten die Eltern nicht versuchen, ihr verheiratetes Kind mit Geschenken zu bestechen. „Wir kaufen dir ein neues Auto, wenn du …" Das ist kein Geschenk, sondern ein Manipulationsversuch.

Manche Eltern würden ihren verheirateten Kindern auch gerne ein paar gute Ratschläge geben. Die Faustregel lautet, dass Eltern nur dann Ratschläge erteilen sollten, wenn sie danach gefragt werden. Wenn Ihre Kinder nicht nach Ihrer Weisheit fragen und Sie das dringende Bedürfnis haben, sie trotzdem mitzuteilen, dann fragen Sie bitte wenigstens um Erlaubnis. „Hättest du etwas dagegen, wenn ich dir meine persönliche Meinung dazu sage?", ist eine gute Frage. Unerwünschte Ratschläge an Ihre verheirateten Kinder tragen nicht dazu bei, die Beziehungen zu verbessern.

Die Ideale, von denen wir träumen, sind Freiheit und Harmonie. Verheiratete Paare brauchen die emotionale Geborgenheit, die von einer guten Beziehung zu beiden Elternpaaren herrührt. Eltern brauchen die emotionale Nähe, die ihnen von dem jungen Ehepaar entgegengebracht wird. Das Leben ist zu kostbar, um es mit zerstörten Beziehungen zu belasten. Wir als Eltern werden sicherlich nicht immer mit unseren verheirateten Kindern übereinstimmen, aber wir können sie respektieren und ihnen die Freiheit zugestehen, ihre eigenen Entscheidungen zu treffen.

Wie also erreichen wir gute, freundschaftliche Beziehungen zu unserer angeheirateten Familie? Auf den nächsten Seiten möchte ich Ihnen sieben Prinzipien vorstellen, die die Beziehungen zu Ihrer neuen Verwandtschaft radikal verändern können.

Ich habe dieses Buch mit Absicht kurz und knapp geschrieben, weil ich weiß, wie beschäftigt Sie sind. Sie können es vermutlich in weniger als zwei Stunden lesen. Am Ende werden Sie feststellen, dass diese Zeit eine gute Investition war. Zum Abschluss eines jeden Kapitels finden Sie Praxistipps, wie Sie diese Prinzipien in Ihrer eigenen Familie umsetzen können.

Egal, ob Sie Schwiegersohn, Schwiegertochter, Schwiegermutter, Schwiegervater, Schwägerin oder Schwager sind – dieses Buch ist für Sie geschrieben. Wenn Sie ernsthaft versuchen, diese Tipps in den Beziehungen zu Ihrer Schwiegerfamilie umzusetzen, kann ich Ihnen versichern, dass Sie positive Veränderungen in Ihrem Verhalten und in Ihrer Einstellung zu Ihrer angeheirateten Familie sehen werden. Am Ende jedes Kapitels finden Sie eine Rubrik mit der Überschrift „Vom Prinzip zur Praxis". Folgen Sie diesen Ratschlägen, und Sie sind unterwegs auf dem Weg zu einer guten, freundschaftlichen Beziehung zu Ihrer neuen Familie.

1. Reden ist Silber, Zuhören ist Gold

Marshas Schwiegermutter war wohlhabend. Im Gegensatz zu ihr wuchs Marsha in einem Elternhaus auf, in dem das Geld knapp war, doch wo das Hauptaugenmerk auf Selbstaufopferung und Spenden lag. Ihr Vater leitete das Missionskomitee ihrer Gemeinde, ihre Mutter war in der Frauenarbeit sehr engagiert. Jedes Jahr, solange Marsha sich erinnern konnte, beobachtete sie, wie ihre Eltern sparten, wo sie nur konnten, um bei der jährlichen Sammelaktion für die Mission eine beträchtliche Summe spenden zu können. Sie selber hatte schon als Kind Geld aus ihrer Sparbüchse genommen, um es ebenfalls zu spenden. Zwei Jahre nach ihrer Hochzeit war Marsha nun völlig frustriert von ihrer Schwiegermutter. „Jeden Monat lädt sie mich zum Mittagessen ein. Ich treffe mich wirklich gerne mit ihr. Aber nach dem Essen besteht sie darauf, dass sie mit mir shoppen geht, um mir neue Kleider zu kaufen. Anfangs habe ich ihre Großzügigkeit sehr genossen, aber nach einiger Zeit hatte ich den Eindruck, dass unser Essen immer kürzer und unser Einkaufsbummel immer länger wurde. Er hat sich oft bis in den späten Nachmittag hinein ausgedehnt. Meine Schwiegermutter schaut niemals nach Sonderangeboten und hat inzwischen schon ein halbes Vermögen für mich ausgegeben."

Marsha fuhr fort: „Für mich ist das eine überflüssige Geldausgabe, eine Verschwendung. Ich habe das Gefühl, als wolle sie meine Freundschaft kaufen. Wenn ich ihr sage, dass ich in diesem Monat nichts Neues zum Anziehen brauche, sagt sie nur: ‚Jede Frau braucht ein neues Kleid. Es hebt die Stimmung.' Nun, meine Stimmung hebt das nicht. Ich nehme es ihr übel. Warum gibt sie dieses Geld nicht an Menschen, die es wirklich nötig haben? Mein Schrank ist voll mit Kleidern! Ich möchte ihre Gefühle nicht verletzen. Doch ich wünsche mir für uns beide eine Beziehung, die über das gemeinsame Einkaufen hinausgeht. Ich würde so gerne einfach nur in Ruhe und ohne Zeitdruck mit ihr essen. Ich würde gerne wissen, wie sie ihre Kindheit verbracht hat … mit welchen Schwierigkeiten sie und mein Schwiegervater in ihren frühen Ehejahren zu kämpfen hatten … wie es ihr damit ging, dass sie als nicht berufstätige Mutter zu Hause blieb. Aber alles, worüber sie spricht, sind ihre Golfpartien und ihre Bridge-Treffen. Ich habe manchmal das Gefühl, dass sie eigentlich sehr einsam ist. Unser Einkaufsbummel ist für sie vielleicht eine Möglichkeit, dieser Einsamkeit zu entfliehen. Ich weiß es nicht. Ich wünschte mir nur, unsere Beziehung wäre tiefgehender."

Alle diese Gedanken und Gefühle musste Marsha für sich behalten. Sie hatte versucht, mit ihrem Mann Rob darüber zu sprechen, doch seine Antwort war lediglich: „Lass Mama dir doch die Klamotten kaufen. Es ist ihre Art, dir zu zeigen, dass sie dich liebt." Vielleicht hatte Marshas Mann recht, doch dann würde seine Mutter immer noch das Wesentliche übersehen:

Marsha fühlte sich nicht geliebt, sondern nahm ihrer Schwiegermutter dieses Verhalten übel.

„Haben Sie jemals versucht, mit Ihrer Schwiegermutter über diese Gedanken und Gefühle zu sprechen?“, fragte ich.

„Nicht wirklich“, gab Marsha zu. „Sie ist so dominant. Sie redet die meiste Zeit und stellt mir nur sehr selten eine Frage. Wenn sie es dann doch tut, habe ich immer den Eindruck, dass sie meiner Antwort gar nicht zuhört. Sie denkt dann schon darüber nach, was sie als Nächstes sagen will. Ich bin so angespannt, wenn ich mit ihr zusammen bin.“

Es war offensichtlich, dass Marsha ein Schwiegermutter-Problem hatte. Und das würde sich auch nicht ändern, solange Marsha nicht aktiv werden würde.

„Aber ich kann es ihr einfach nicht sagen, dass ich ihr die Einkäufe übelnehme“, sagte Marsha. „Und ich kann auch nicht aufhören, mich zum Essen mit ihr zu verabreden. Das ist unser einziger Kontakt. Wenn ich ihr sage, dass ich ihre Geschenke nicht will, wird sie sicher verletzt sein. Ich weiß wirklich nicht, was ich tun soll. Deshalb bin ich hier.“

„Ich bin sehr froh, dass Sie gekommen sind“, sagte ich. „Ich kann auch keine Wunder vollbringen, aber ich habe eine Idee, die ich Ihnen vorschlagen möchte. Wenn Sie sich das nächste Mal mit Ihrer Schwiegermutter zum Essen treffen, stellen Sie ihr folgende Frage: ‚Auf einer Skala von eins bis zehn: Wie viel Freude macht es dir, mit mir shoppen zu gehen?‘

Wenn ihre Antwort irgendetwas zwischen acht und zehn ist (was ich erwarte), dann bitten Sie sie: ‚Sag mir doch, warum es dir so viel Freude macht, so nett zu mir zu sein.' Und dann hören Sie ihrer Antwort gut zu. Wiederholen Sie, was Ihre Schwiegermutter Ihrer Meinung nach gesagt hat, und fragen Sie sie, ob das korrekt ist. Sie könnten beispielsweise sagen: ‚Ich höre aus deiner Antwort, dass es dir Freude macht, schöne Kleider für mich zu kaufen, weil deine Schwiegermutter nichts für dich tat, als du frisch verheiratet warst. Das hat dich damals sehr verletzt. Du möchtest nicht, dass das in unserer Beziehung auch passiert. Stimmt das so?' Fahren Sie damit fort, ihre Antworten zu analysieren, bis Sie verstanden haben, was hinter diesem Bedürfnis steckt, mit Ihnen einkaufen zu gehen.

Dann drücken Sie Ihre Bewunderung für all das aus, was Ihre Schwiegermutter für Sie tut. Wenn Sie ihre Motivation verstanden haben, wird es Ihnen sicherlich leichter fallen. Sagen Sie ihr, wie sehr Sie es schätzen, dass sie so freundlich zu Ihnen ist und sich so viele Gedanken um Sie macht. Dann sagen Sie ihr, wie wichtig Ihnen dieses Gespräch war, dass Sie nun das Gefühl haben, sie besser zu kennen, und dass Sie sie nun noch mehr lieben. Und dann gehen Sie mit Ihrer Schwiegermutter shoppen und lassen sie für Sie kaufen, was sie will.

Wenn Sie sich im darauffolgenden Monat wieder mit Ihrer Schwiegermutter treffen, stellen Sie ihr weitere Fragen. Sagen Sie ihr, wie sehr Sie das vergangene

Gespräch genossen haben und dass Sie – wenn sie nichts dagegen hat – gerne noch mehr über ihr Leben wissen würden. Sie könnten zum Beispiel fragen: ‚Wie hast du deine Kindheit in deinem Elternhaus erlebt?' – ‚Was hast du in deiner Schulzeit erlebt?' – ‚Wo hast du deinen Mann kennengelernt?' – ‚Was machte dich so sicher, dass er der Richtige für dich ist?' – ‚Wie hast du deine frühen Ehejahre erlebt?' – ‚An welche Dinge erinnerst du dich besonders gerne, wenn du an deine Ehe und an deine Familie zurückdenkst?' Das sind jetzt vermutlich zu viele Fragen für ein Gespräch, aber Sie können sich ja ein paar aussuchen.

Sie versuchen auf diese Weise, Ihre Schwiegermutter besser kennenzulernen. Das geschieht, indem Sie Fragen stellen und der Antwort genau zuhören. Noch einmal: Stellen Sie Rückfragen, damit Sie sichergehen können, alles richtig verstanden zu haben. Zum Beispiel: ‚Es klingt für mich so, als hätte dich das Verhalten deines Vaters sehr verletzt. Stimmt das?' Was auch immer Sie vermuten, was Ihre Schwiegermutter gesagt hat, sollten Sie so wiederholen, dass sie die Möglichkeit hat, es zu korrigieren. Sagen Sie ihr, wie sehr Sie dieses Gespräch genießen und es schätzen, dass sie aus ihrem Leben erzählt. Und dann gehen Sie wieder einkaufen.

Wenn Ihre Schwiegermutter das nächste Mal anruft, um Sie zum Essen einzuladen, sagen Sie ihr: ‚Ich kann es kaum erwarten, dich zu sehen. Ich fand unsere Unterhaltung beim letzten Mal so wunderbar.

Ich habe eine Idee: Ich würde zu gerne diese neue Kunstausstellung in der Innenstadt besuchen. Wie wäre es, wenn wir nach dem Essen statt zum Shoppen zu dieser Ausstellung gehen würden?' Wenn Ihre Schwiegermutter den Vorschlag akzeptiert, ist alles wunderbar. Wenn sie stattdessen vorschlägt: ‚Warum gehen wir nicht in die Ausstellung *und* zum Einkaufen?', dann antworten Sie ihr: ‚In Ordnung, vielleicht haben wir Zeit für beides, aber könnten wir zuerst zu der Ausstellung gehen und danach spontan entscheiden?' Die Wahrscheinlichkeit ist hoch, dass sie zustimmen wird. Und wenn Sie dann bei der Ausstellung waren, können Sie beide entscheiden, ob Sie noch Lust zum Shoppen haben oder nicht. Vielleicht fällt der Einkaufsbummel dann eher kurz aus oder Sie lassen ihn ganz bleiben. Egal, wie Sie sich entscheiden, Sie haben auf jeden Fall das übliche Ritual von Essen und Einkaufen unterbrochen.

Im vierten Monat versuchen Sie wieder, Ihre Schwiegermutter in eine tiefgehende Unterhaltung zu verwickeln und machen dann den Vorschlag, dass Sie in Zukunft monatlich zwischen Einkaufen und einer anderen Aktivität abwechseln könnten. Vielleicht so: ‚Mein Kleiderschrank quillt über und ich genieße es so, auch andere Sachen mit dir zu unternehmen.' Wenn sie Ihren Vorschlag akzeptiert, haben Sie bereits den feststehenden Ablauf Ihres monatlichen Treffens verändert.

In den folgenden Monaten sind Sie vielleicht mutig genug, um vorzuschlagen: ‚Statt etwas zum Anziehen für mich zu kaufen, könnten wir vielleicht die chinesische Adoptivtochter meiner Freundin mitnehmen und etwas für sie kaufen.' Oder Sie könnten bei einer anderen Gelegenheit Lebensmittel für eine bedürftige Familie kaufen oder Schulsachen für Kinder aus sozial schwachen Familien. Nach und nach könnte es Ihnen gelingen, die Großzügigkeit Ihrer Schwiegermutter so zu steuern, dass Sie beide damit glücklich sind. Und Sie werden Ihre Schwiegermutter als wirkliches Gegenüber kennenlernen, nicht nur als eine Bekannte, mit der Sie essen und einkaufen gehen."

Am Ende unseres Gespräches war Marsha begeistert. Sie sagte zu mir: „Wenn ich nur die Hälfte von dem, was Sie beschrieben haben, in der Beziehung zu meiner Schwiegermutter umsetzen kann, wäre ich schon überglücklich."

In den folgenden Monaten konnte Marsha erleben, wie die meisten dieser Visionen tatsächlich Gestalt gewannen. Sie und ihre Schwiegermutter wurden gute Freundinnen. Marsha lernte es, die Geschenke ihrer Schwiegermutter als Ausdruck ihrer Liebe zu sehen, und sie zeigte ihrer Schwiegermutter, wie man eine tiefgehende Freundschaft aufbauen kann, indem man am Leben der anderen Anteil nimmt. Nach einiger Zeit traf ich Marshas Schwiegermutter bei einer Veranstaltung. Sie sagte mir: „Marsha ist das Beste, was mir in meinem Leben passiert ist. Einen Sohn zu haben ist wunderbar, doch eine Schwiegertochter zu haben, ist noch viel besser." Ich weiß nicht genau, was ihr Sohn über diese Erkenntnis denken würde, doch es ist der Beweis, dass sie Marsha von ganzem Herzen liebt.

Marshas Geschichte zeigt, wie wichtig das sorgfältige Zuhören ist. Das Ziel des genauen Hörens ist es, zu entdecken, was in den Köpfen und Herzen unseres Gegenübers vor sich geht. Wenn wir verstehen, aus welchen Gründen heraus andere Menschen so handeln, wie sie es tun, können diese Erkenntnisse unser Leben verändern. Zum Beispiel veränderte sich Marshas Einstellung zu ihrer Schwiegermutter völlig, als sie erfuhr, dass die Motivation für die Großzügigkeit ihrer Schwiegermutter in ihrer eigenen Geschichte begründet lag. Als junge Ehefrau hatte ihre Schwiegermutter nur sehr wenig Geld für Kleidung gehabt und sich wegen ihrer Garderobe geschämt. Das Verstehen verändert häufig unsere Haltung gegenüber anderen Menschen und als Konsequenz daraus auch unsere negativen Gefühle ihnen gegenüber.

Es ist ein grundlegendes Prinzip der Psychologie, dass wir nicht erraten können, was andere Menschen denken. Wir beobachten ihr Verhalten, aber wir wissen nicht, was dieses Verhalten motiviert, bis wir ihnen genau zuhören. Doch die meisten von uns haben nie gelernt, sorgfältig zuzuhören. Deshalb missverstehen wir unsere Schwiegereltern, Schwager oder Schwägerinnen so oft. Ich möchte Ihnen einige Regeln für sorgfältiges Zuhören vorstellen:

Stellen Sie Fragen

Der effektivste Weg, um herauszufinden, was in den Köpfen Ihrer Gesprächspartner vor sich geht, ist es, Fragen zu stellen. Die meisten Menschen sprechen nicht über die Gedanken und Gefühle, die die Ursache für ihr Verhalten sind, wenn man sie nicht danach fragt. Marsha ärgerte sich über das Verhalten ihrer Schwiegermutter, doch sie wusste lange nicht, was der Grund dafür war. Dass ihr Verhalten in ihren frühen Ehejahren begründet lag, erfuhr Marsha erst, als sie ihrer Schwiegermutter sorgfältig zuhörte und nachfragte.

Die Fragen müssen mit viel Überlegung formuliert werden. Je genauer die Frage ist, umso wahrscheinlicher erhalten Sie die Information, die Sie suchen. Sie können zuerst allgemeinere Fragen stellen, um das Thema zur Sprache zu bringen. Die Frage: „Was meinst du, wer wird in diesem Jahr den Baseball-Cup gewinnen?" bringt z. B. das Thema Baseball auf den Tisch. Dann fragen Sie weiter: „Seit wann interessierst du dich für Baseball? Und was hat damals dein Interesse geweckt?" Die Antworten auf diese Fragen führen Sie vielleicht zu der Erkenntnis, warum Ihr Schwiegervater niemals ein Baseballspiel verpasst.

Die Fragen müssen allerdings ehrlich gemeint sein. Sie sollten keinen Fragenkatalog abarbeiten, um Ihre Schwiegereltern in eine Ecke zu drängen und am Ende recht zu behalten. Sie stellen die Fragen, weil Sie sie besser verstehen wollen. Wenn die anderen merken, dass Sie echtes Interesse an ihnen haben und sie wirklich besser kennenlernen wollen, dann werden sie mit größter Wahrscheinlichkeit Ihre Fragen offen und ehrlich beantworten. Marshas Schwiegermutter hatte kein Problem damit, über ihre eigenen Eheerfahrungen zu sprechen. Marsha hatte ihr bisher einfach nur nicht signalisiert, dass sie an diesem Teil ihres Lebens Interesse hatte. Als sie merkte, dass Marsha wirklich daran gelegen war, sie besser kennenzulernen, sprach ihre Schwiegermutter offen darüber, warum sie so gerne einkaufte und Marsha Geschenke machte.

Wenn Sie Ihre Schwiegereltern bitten, ihre Gefühle zu einem bestimmten Thema auf einer Skala von eins bis zehn einzuordnen, werden Sie schnell merken, wie wichtig oder unwichtig ihnen dieses Thema ist. Jason nutzte diese Methode, um mit seinem Schwiegervater ins Gespräch zu kommen. Jason war verärgert, dass dieser einen Hang zum Glücksspiel hatte. Als er dann noch mitbekam, dass sein Schwiegervater seinen zehnjährigen Sohn Bobby mit ins Casino genommen hatte, reichte es Jason und er sagte zu seiner Frau: „Ich werde es nie wieder erlauben, dass Bobby deinen Vater trifft." Als er sich zwei Wochen später etwas beruhigt hatte, forderte ich Jason auf, seinem Schwiegervater Fragen zu stellen und seinen Antworten genau zuzuhören.

Er fragte seinen Schwiegervater: „Wenn du auf einer Skala von eins bis zehn einordnen solltest, wie gerne du ins Casino gehst, welche Zahl würdest du wählen?" Als sein Schwiegervater antwortete:

„Zehn“, wusste Jason, wie wichtig es ihm war. Jason fragte weiter: „Was glaubst du, warum macht dir das Glücksspiel so viel Freude?“

Sein Schwiegervater antwortete: „Für mich ist es einfach nur Spaß. Ich spiele, weil ich Geld habe und mir keine Gedanken machen muss, wofür ich es ausgebe. Als ich ein Kind war, hatten wir sehr wenig Geld. Wir wussten nie, ob genug zum Abendessen da war oder ob mein Vater sagen würde: ‚Lasst uns früh ins Bett gehen, denn morgen werden wir ein tolles Frühstück haben.‘ Zum Frühstück gab es immer Haferbrei. Davon konnten wir so viel haben, wie wir wollten. Ich sah, wie meine Schulfreunde mit dem Geld nur so um sich warfen. Damals habe ich mir vorgenommen: Wenn ich erwachsen bin, werde ich jede Menge Geld verdienen und nie mehr jemanden um irgendetwas bitten müssen. Und das habe ich auch erreicht. Jetzt kann ich es mir leisten, mein Geld zum Fenster hinauszuschmeißen. Wenn ich tausend Dollar verliere – was ist das schon? Ich kann es mir leisten!“

„Also“, schlussfolgerte Jason, „ist es für dich nicht eine Sache von Gewinnen oder Verlieren, sondern es ist deine Art, Spaß zu haben.“

Sein Schwiegervater erwiderte: „Es ist nicht nur Spaß. Es ist die Freiheit, dass ich mit meinem Geld das tun kann, was ich will.“

„Ich glaube, ich verstehe, was du meinst“, sagte Jason. „Wir alle wollen doch frei sein, und das ist deine Art, deine Freiheit auszudrücken.“

Jason wäre nie im Leben auf die Idee gekommen, was im Kopf seines Schwiegervaters wirklich vor sich ging. Aber zwei Fragen und genaues Zuhören halfen ihm, die Motivation seines Schwiegervaters zu verstehen. Er wollte immer noch nicht, dass Bobby mit ihm ins Casino ging, doch nachdem er seinem Schwiegervater zugehört und ihn verstanden hatte, konnte er seine Befürchtungen in einer verständlichen Art und Weise formulieren. Er erzählte seinem Schwiegervater von seiner Beobachtung, dass viele Menschen glaubten, im Glücksspiel ihre Freiheit zu finden, doch in Wirklichkeit so gefangen von dem Spiel waren, dass sie ihr gesamtes Barvermögen und sogar ihre Ersparnisse verloren. Er erklärte, dass er Bobby unbedingt davor schützen wollte, mit etwas in Berührung zu kommen, das ihn abhängig machen und seine Freiheit zerstören könnte. Deshalb bat er seinen Schwiegervater, Bobby in Zukunft nicht mehr ins Casino mitzunehmen. Sein Schwiegervater konnte das nachvollziehen und stimmte Jason zu.

Obwohl beide Geschichten, die von Marsha und die von Jason, ein Happy End haben, muss die Methode des Fragenstellens und Zuhörens nicht automatisch zu einer befriedigenden Lösung für die Probleme im Miteinander führen. Aber wenn wir Fragen stellen und sorgfältig zuhören, ist es wahrscheinlicher, dass wir eine Lösung finden. Und während dieses Prozesses werden wir in der Lage sein, den Kontakt zu unseren Schwiegereltern zu halten oder sogar die Beziehung zu verbessern.

Unterbrechen Sie nicht

Wenn Ihre Schwiegereltern etwas erzählen, das Ihnen missfällt, ist die Versuchung groß, sie zu unterbrechen. Doch wenn Sie das tun und sofort Ihre eigene Meinung ausbreiten, sind Sie auf direktem Weg zu einer heftigen Auseinandersetzung. Streitgespräche sind kontraproduktiv. Einer gewinnt, einer verliert, und das Problem ist immer noch nicht gelöst.

Erinnern Sie sich an die Antwort von Marshas Schwiegermutter? „Ich glaube, der Grund, warum ich so gerne Kleidung für dich einkaufe, liegt darin, dass wir selbst in den ersten Jahren unserer Ehe nur wenig Geld hatten und ich mich häufig für meine Kleidung geschämt habe."

Was wäre geschehen, wenn Marsha ihr einfach ins Wort gefallen wäre: „*Wir* haben *genug* Geld. Rob hat einen guten Job. Du brauchst mir nichts zu kaufen!" Das hätte zu einer Auseinandersetzung geführt, die vermutlich die Beziehung zu Marshas Schwiegermutter noch schwieriger gemacht hätte. Und stellen Sie sich vor, was passiert wäre, wenn Jason seinen Schwiegervater mit folgenden Worten unterbrochen hätte: „Das ist doch Unsinn! Ich glaube dir kein Wort davon. Du gehst doch nur ins Casino, weil du spielsüchtig bist." Er und sein Schwiegervater würden sich vermutlich ein Wortgefecht geliefert haben, das ihre Beziehung noch mehr beeinträchtigt hätte.

Das Ziel des Zuhörens ist es, unser Gegenüber zu verstehen und ihm nicht unsere Sichtweise aufzuzwingen. Wir können unsere Meinung noch zu einem späteren, passenderen Zeitpunkt anbringen. Am Anfang geht es darum, dass wir zunächst zu verstehen versuchen, was in den Köpfen und Herzen der anderen vor sich geht, damit wir richtig darauf reagieren können. Wenn wir den anderen in seinem Redefluss unterbrechen, stören wir den Prozess des Verstehens. Für manche Menschen ist es extrem schwierig, sich in Gesprächen zurückzuhalten. Sie haben sich schon eine logische Argumentationskette zurechtgelegt. Sie hören gerade lange genug zu, um ihre eigenen Gedanken zu ordnen. Dann unterbrechen sie ihr Gegenüber und widersprechen, egal, was der andere gerade sagt. Solche Menschen werden vermutlich niemals eine gute Beziehung zu ihren Schwiegereltern aufbauen – oder zu irgendwelchen anderen Menschen –, bevor sie nicht lernen, diese negative Art des Diskutierens sein zu lassen. Beziehungen werden auf sorgfältigem Zuhören aufgebaut. Sie werden von Unterbrechungen und Widerworten empfindlich beeinträchtigt, wenn nicht sogar zerstört.

Wenn Sie Schwierigkeiten damit haben, Ihren Schwiegereltern einfach nur zuzuhören, wenn Sie nicht mit dem einverstanden sind, was sie sagen, dann könnte folgendes Bild für Sie hilfreich sein: Wenn Sie eine Frage gestellt haben und Ihr Gegenüber gerade seine Antwort formuliert, dann stellen Sie sich vor, wie Ihr Kopf von zwei riesigen Elefantenohren umrahmt wird. Die Ohren sollen Sie daran erinnern: „Ich bin jetzt der Zuhörer. Ich möchte mein Gegenüber verstehen. Ich werde nicht unterbrechen.

Ich werde später noch die Gelegenheit haben, mein Anliegen vorzubringen. Jetzt gerade höre ich genau zu, was mein Gegenüber sagt. Ich möchte mehr über seine bzw. ihre Vergangenheit erfahren und begreifen, wie er/sie selbst das eigene Verhalten wahrnimmt. Ich möchte eine gute Beziehung zu meinem Gegenüber aufbauen und mir nicht einen Feind machen." Es ist ein entscheidender Schritt auf dem Weg zum guten Zuhörer, wenn wir lernen, den anderen nicht zu unterbrechen.

Klären Sie, was der andere meint

Selbst wenn wir uns darauf konzentrieren, dem anderen zuzuhören, missverstehen wir oft, was er zu sagen versucht. Wir hören wie durch unsere eigenen Kopfhörer hindurch, die aber manchmal die Bedeutung hinter den Worten des anderen verfälschen. Wir können solche Missverständnisse vermeiden, indem wir unserem Gegenüber sagen, was wir von ihm verstanden haben, und dann nachfragen, ob das stimmt. Jason tut das z.B., indem er bei seinem Schwiegervater nachhakt: „Für dich geht es also nicht ums Gewinnen oder Verlieren, sondern allein darum, dass du Spaß hast!?" Das gab seinem Schwiegervater die Möglichkeit, diese Aussage richtigzustellen, indem er von seiner Freiheit sprach. Aufgrund dieser Rückmeldung war Jason dann in der Lage, die Gedanken seines Schwiegervaters besser nachzuvollziehen.

Einige sind jedoch der Meinung, dass eine solche

Art der Klarstellung sehr unpersönlich wirkt, wenn sie mit den immer gleichen Worten erfolgt. Ein Ehemann klagte: „Ich habe es satt, ständig von dir zu hören: ‚Was ich dich sagen höre, ist Folgendes …' Und ich bin mir sicher, dass es anderen genauso auf die Nerven geht." Es stimmt, dass die gleiche Reaktion in den immer gleichen Worten monoton und langweilig werden kann. Aber man kann solche klärenden Rückfragen auf viele verschiedene Arten stellen. Hier sind ein paar Beispiele:

- „Ist das, was du sagst, Folgendes …?"
- „Meinst du damit, dass …?"
- „Ich glaube, ich habe verstanden, was du meinst. Sag mir, ob ich damit richtig liege …"
- „Ich höre bei dir heraus, dass … Wolltest du das damit ausdrücken?"
- „Ich möchte sichergehen, dass ich dich richtig verstanden habe. Meinst du damit …?"

Wenn wir lernen, Rückfragen auf verschiedene Arten zu stellen, werden die Fragen ein ganz natürlicher Teil unserer Unterhaltung. Wenn Ihnen Ihre Schwiegermutter antwortet: „Ja, du hast begriffen, was ich meine", dann wissen Sie, dass sie das Gefühl hat, verstanden zu werden. Dann sind Sie bereit für den nächsten Schritt.

Drücken Sie Ihre Wertschätzung aus

Wenn Ihnen Ihre Schwiegermutter bestätigt, dass Sie sie richtig verstanden haben, können Sie antworten: „Ich schätze es sehr, dass du so viel aus deinem Leben erzählst. Ich glaube, ich verstehe dich jetzt besser. Und ich kann nachvollziehen, was du sagst." Mit dieser einfachen Antwort sind Sie nicht länger ein „Feind". Sie haben damit ein positives Gesprächsklima geschaffen.

Wenn Sie Ihr Verständnis ausdrücken, dann heißt das nicht automatisch, dass Sie mit allem, was Ihr Gegenüber sagt, einverstanden sind. Es bedeutet nur, dass Sie so lange zuhören, bis Sie in der Lage sind, die Welt durch die Augen des anderen zu sehen, und nachvollziehen können, wie er in bestimmten Situationen reagiert. Sie bestätigen das Recht des anderen, seiner eigenen Meinung und seinen Gefühlen Ausdruck zu verleihen.

Vielleicht fragt Sie jemand: „Wie kannst du akzeptieren, was deine Schwiegereltern sagen, wenn du völlig anderer Meinung bist?" Meine Antwort darauf lautet: Wir bestätigen nicht automatisch den Inhalt dessen, was der andere sagt. Wir akzeptieren jedoch sein Recht, eine eigene Meinung zu haben und sie auch auszusprechen. Sie geben Ihrem Gegenüber damit das gleiche Recht, das Gott ihm auch zugesteht. Sie erlauben ihm damit, einfach menschlich zu sein.

Wertschätzung bedeutet nicht, dass Sie mit der Meinung des anderen übereinstimmen oder dass Sie seine Gefühle gut finden. Es heißt vielmehr, dass Sie nachvollziehen können, wie Ihr Gesprächspartner zu dieser Meinung gekommen ist und warum er solche Gefühle hat. Wenn Sie sich die Mühe machen, die Persönlichkeit und die Meinung des anderen zu bestimmten Themen kennenzulernen, wird es Ihnen leichter fallen, seine Schlussfolgerungen nachzuvollziehen.

Es ist ungemein wichtig, dem anderen gegenüber Wertschätzung auszudrücken, denn das schafft die richtige Atmosphäre für den nächsten Schritt:

Teilen Sie Ihre Ansichten mit

Nachdem Sie nun also Fragen gestellt und Ihren Schwiegereltern erlaubt haben, ohne Unterbrechung zu antworten; nachdem Sie Rückfragen gestellt haben, um Missverständnisse auszuschließen; und nachdem Sie Ihre Wertschätzung ausdrücken konnten, ist es nun an der Zeit, Ihre eigene Meinung zu äußern. Ihr Gegenüber wird nun auch bereit sein, sich Ihre Ansichten anzuhören, weil Sie ihm mit Würde und Respekt begegnet sind.

Als Jason seinem Schwiegervater erklärte, warum er nicht wollte, dass Bobby mit ins Casino ging, hatte sein Schwiegervater zugehört und Jasons Meinung akzeptiert. Wenn Jason sich aber nicht die Zeit genommen hätte, zuerst seinem Schwiegervater zuzuhören, wenn er einfach nur sein Verhalten kritisiert und Bobby von seinem Großvater ferngehalten hätte, wäre ihre Beziehung wahrscheinlich für immer zerstört worden. Es war erst der Prozess des Zuhörens, der ihnen half, eine gesunde Beziehung aufzubauen.

Als Marsha begann, Alternativen zu dem Einkaufsbummel vorzuschlagen, war ihre Schwiegermutter bereit, sich die Vorschläge anzuhören, weil sie spürte, dass Marsha eine gute Beziehung zu ihr sehr wichtig war. Wenn Marsha nicht gesagt hätte, wie sehr sie es schätzte, dass ihre Schwiegermutter aus ihrer eigenen Ehe erzählte, wäre diese sicher nicht bereit gewesen, sich für Marshas Ideen zu öffnen.

Wenn wir dem anderen unsere Wertschätzung zeigen, wird er uns viel eher zuhören und bereit sein, zusammen mit uns an einer guten Lösung zu arbeiten.

Auch Ihre eigene Meinung zu einem bestimmten Problem ist also sehr wichtig. Sie sind einer der Schlüsselposten in dieser Schwieger-Beziehung. Ihre Ansicht muss gehört werden. Ihre Gefühle und Vorstellungen sind wichtig. Nachdem Sie nun Ihren Respekt und Ihre Wertschätzung Ihren Schwiegereltern gegenüber geäußert haben, wird es Zeit, etwa Folgendes zu sagen: „Ich würde dir gerne meine Meinung zu dieser Sache schildern. Mit folgenden Punkten habe ich ein Problem. Das ist mein Anliegen. Das ist es, was für mich wichtig ist.“ Und dann können Sie Ihre Ansicht ausführlich darlegen.

Weil Sie selber Ihrem Gegenüber gut zugehört haben, sind die Chancen hoch, dass Ihnen nun auch zugehört wird. Weil Sie selber Ihr Gegenüber ausreden ließen, wird man Sie jetzt auch nicht unterbrechen. Weil Sie nachgefragt haben, um unklare Aussagen zu klären, werden auch Ihre Schwiegereltern daran interessiert sein, Ihre Ansichten richtig zu verstehen. Weil Sie ihnen Ihre Wertschätzung gezeigt haben, wird es Ihrem Gegenüber nun auch leichter fallen, selbst Wertschätzung auszudrücken. Auf diese Weise können Sie gemeinsam Ihre Unterschiedlichkeiten akzeptieren und gute Lösungen suchen.

In diesem Kapitel haben wir über den ersten Schritt gesprochen, wie Sie freundschaftliche Beziehungen zu Ihrer angeheirateten Familie aufbauen können. Sorgfältiges Zuhören hat Ihnen geholfen, dass Sie einander besser verstehen. Dieses Verständnis hat zu positiven Veränderungen geführt, die die Zukunft für Sie alle einfacher machen werden. Im nächsten Kapitel werden wir uns mit der verändernden Kraft des Respekts beschäftigen.

Vom Prinzip zur Praxis

Wählen Sie eine Beziehung zu einer Person in Ihrer angeheirateten Familie aus, die Sie verbessern wollen, und behalten Sie diese spezielle Beziehung im Hinterkopf, wenn Sie über Folgendes nachdenken:

1. Welche Fragen müssen Sie stellen, um diesen Menschen aus Ihrer angeheirateten Familie besser kennenlernen zu können?
2. Neigen Sie in Gesprächen dazu, Ihren Gesprächspartner zu unterbrechen? Wenn Sie diese Frage bejahen können: Was wollen Sie unternehmen, um das zu ändern?
3. Versuchen Sie, in Ihrem nächsten Gespräch Unklarheiten zu klären, beispielsweise: „Meinst du das, wenn du sagst …"
4. Lesen Sie sich die folgende Aussage dreimal laut vor: „Ich schätze es sehr, dass du mir diese Sachen erzählt hast. Ich glaube, ich verstehe dich jetzt besser. Was du sagst, bedeutet mir sehr viel." Achten Sie auf eine Gelegenheit, um dem Menschen aus Ihrer neuen Verwandtschaft diese Worte sagen zu können.

Wenn Sie es lernen, gute Fragen zu stellen, Unklarheiten zu klären, Wertschätzung auszudrücken und nicht zu unterbrechen, dann werden Sie auch sagen können: „Ich möchte dir gerne meine Ansicht zu diesem Thema schildern." Weil Sie Ihrem Gegenüber zugehört haben, wird er bzw. sie auch Ihnen zuhören.

2. Von der Kunst, einen anderen Menschen zu respektieren

Respekt ist ein wichtiger Bestandteil, wenn es darum geht, positive Beziehungen zu Ihrer neuen Familie aufzubauen. Wenn ich den anderen respektiere, dann achte ich ihn und bringe ihm Wertschätzung entgegen. Damit ist meine Sicht von meinem Gegenüber verbunden. Ich entscheide mich, die andere Person – zum Beispiel Sie – als sehr wichtig anzusehen, denn Sie sind als Ebenbild Gottes erschaffen. Meine Entscheidung, Sie zu respektieren, basiert nicht auf Ihrem Charakter oder Ihrem Verhalten mir gegenüber. Sie basiert vielmehr auf meiner Sichtweise davon, wer Sie sind.

Respekt hat also nichts damit zu tun, wie wir von unseren Schwiegereltern, Schwagern oder Schwägerinnen behandelt werden oder welche Meinung diese von sich selbst haben. Vielleicht sehen sie sich selbst als den Abschaum der Gesellschaft oder als Gottes Geschenk an die Menschheit. Ihre Selbstwahrnehmung kann also völlig ruiniert oder überzogen sein. Was auch immer sie von sich selbst denken – ich sehe sie als Menschen an, die sehr wertvoll sind, denn sie tragen das Bild des Schöpfers in sich.

Vielleicht mag ich ihr Verhalten nicht, aber ich respektiere sie, weil sie Menschen voller Würde sind. Sie sind von Gott mit Intelligenz begabt worden, mit der Fähigkeit, Gefühle zu empfinden, und mit der Freiheit, eigene Entscheidungen zu treffen. Letztendlich sind sie Gott dafür verantwortlich, wie sie ihr Leben leben.

Wenn ich mich für eine Haltung des Respekts entscheide, wird sich das in meinem Verhalten widerspiegeln. Respekt bringt mich dazu, dass ich meiner angeheirateten Familie die gleiche Freiheit zugestehe, die Gott mir und allen Menschen schenkt – die Freiheit, anders zu sein. Deshalb werde ich nicht versuchen, meinen neuen Verwandten meinen Willen aufzuzwängen. Vielmehr werde ich nach einer Auseinandersetzung versuchen, eine Lösung zu finden, die unsere Unterschiede respektiert. Ich werde nicht versuchen, meine Verwandten zu kontrollieren, und ich werde genauso wenig erlauben, dass sie mich kontrollieren. Ich möchte ihnen gegenüber den gleichen Respekt zeigen, den ich mir von ihnen erhoffe.

Vielleicht stört mich etwas, das meine Schwiegereltern sagen oder wie sie sich verhalten. Das Gefühl der Irritation ist keine Sünde. Trotzdem bin ich dafür verantwortlich, wie ich auf dieses Gefühl reagiere. Wenn ich darauf mit unfreundlichen oder kritischen Worten reagiere, begehe ich eine Sünde. Denn dann habe ich darin versagt, Respekt zu zeigen. Doch wenn ich im Gegenteil versuche, sie mit Würde zu behandeln, indem ich nach den Gründen ihres Verhaltens frage und anschließend nach guten Lösungen für uns alle suche, dann zeige ich Respekt.

Damit diese Gedanken ganz praktisch werden können, möchte ich mit Ihnen gemeinsam fünf Lebensbereiche anschauen, die uns die Gelegenheit geben, unseren Schwiegereltern Respekt zu erweisen.

Respektieren Sie Festtagstraditionen

Eine Ehe bringt zwei Familien zusammen, die jeweils ihre eigene Art haben, wie sie die jährlichen Feiertage verbringen. Es ist unausweichlich, dass die Art und Weise, wie diese Zeiten gefeiert werden, sich von Familie zu Familie unterscheiden. Auch die Wichtigkeit, die diesen Festtagstraditionen zugemessen werden, wird je nach Familie unterschiedlich sein.

Für viele junge Paare ist das erste gemeinsame Weihnachtsfest auch der erste große Konflikt in der Ehe. Seine Mutter wünscht, dass beide den ersten Weihnachtstag bei ihr zu Hause verbringen, während ihre Mutter sich das Gleiche überlegt hat. Das kann sogar möglich sein, wenn die Eltern in derselben Stadt wohnen und die eine Familie das Mittagessen gemeinsam verbringt, während die andere sich auf das Abendessen konzentriert. Wenn die Familien jedoch mehrere Hundert Kilometer voneinander entfernt wohnen, ist dieser Kompromiss nicht umsetzbar. Wenn ein Elternpaar darauf besteht, dass Sie beide die Weihnachtstage bei ihnen verbringen sollen, und das andere Elternpaar nur zähneknirschend einwilligt, ist der Same für zukünftige Auseinandersetzungen schon gesät. Das ist kein respektvolles Verhalten. Die Eltern, die auf Ihrem Besuch bestehen, zeigen keinen Respekt für die Wünsche des anderen

Elternpaares oder die Freiheit, die Sie sich als junges Paar wünschen, um eigene Entscheidungen zu treffen.

Was wäre stattdessen geschehen, wenn alle beteiligten Parteien einander Respekt gezeigt hätten? Beide Elternpaare hätten ihre Wünsche für den Weihnachtsbesuch des jungen Paares klar ausgesprochen. Wenn sie jedoch erfahren hätten, dass die jungen Leute auch von den jeweils anderen Eltern eine Einladung erhalten haben, hätten sie sie ermutigt, sich frei zu entscheiden und vielleicht einen Alternativvorschlag zu machen. Das junge Paar hat nun alle Freiheiten, um die verschiedenen Möglichkeiten abzuwägen. Vielleicht entscheiden Sie sich dafür, keiner Einladung zu folgen und den Weihnachtstag allein zu verbringen. Wenn die Entfernungen nicht groß sind, könnten sie überlegen, den Heiligabend bei einem Elternpaar zu verbringen und den ersten Weihnachtstag bei den anderen und im nächsten Jahr einfach tauschen. Wenn die Entfernung einer solchen Variante jedoch entgegensteht, könnten Sie vorschlagen, in diesem Jahr die Weihnachtstage bei dem Elternpaar zu verbringen und im nächsten Jahr dann bei dem anderen. Wo es zuerst hingeht, könnte das Paar ganz einfach dadurch entscheiden, indem es eine Münze wirft. Wenn einer der Eltern ernsthaft erkrankt ist, könnte das auch ein Grund sein, warum man sich dafür entscheidet, dieses Elternpaar zuerst zu besuchen. Und wenn es weder an Zeit noch Geld mangelt, wäre es auch denkbar, die jeweils anderen

Eltern an Silvester zu besuchen, sodass man beide Elternpaare innerhalb von wenigen Tagen sieht.

Sie sehen also, dass es verschiedene praktikable Möglichkeiten gibt, wie dieser Feiertagskonflikt gelöst werden kann. Alle diese Vorschläge setzen jedoch voraus, dass die verschiedenen Familienmitglieder einander respektieren. Wenn kein Respekt vorhanden ist, dann wird Weihnachten nicht ein Fest des Friedens und der Liebe werden. Ich habe junge Ehepaare kennengelernt, die sich dafür entschieden hatten, beide Elternhäuser an Weihnachten zu meiden – nicht weil sie nicht dort sein wollten, sondern weil sie das Gefühl hatten, dass beide Elternpaare versuchten, sie zu manipulieren.

Manipulation ist das Gegenteil von Respekt. Wer den anderen respektiert, sagt: „Das ist es, was ich möchte, und aus diesen und jenen Gründen möchte ich es gerne. Aber ich weiß, dass du selbst die Entscheidungen treffen musst, von denen du glaubst, dass sie am besten für dich sind." Respekt lässt dem anderen immer die Freiheit, eigene Entscheidungen zu treffen.

Ich habe Paare kennengelernt, die ganz offen sagten, dass es ihnen beiden lieber war, die Feiertage immer nur mit einem bestimmten Elternpaar zu verbringen als mit dem anderen. Mitunter liegt das dann an der extrem stressigen Atmosphäre in dem einen Elternhaus, vielleicht wegen Alkoholproblemen, einem verletzenden Umgangston oder ungelösten Konflikten aus der Vergangenheit. Was auch immer der Grund sein mag – ich ermutige junge Paare stets, dass sie sich durch diese Umstände nicht dauerhaft von den Eltern fernhalten lassen. Die Bibel ermahnt uns, Vater und Mutter zu ehren. Wir ehren unsere Eltern nicht dadurch, dass wir sie ignorieren und einfach aufgeben. Wir dürfen ehrlich über unsere Gefühle sprechen, ehrlich sagen, dass wir Stress empfinden, wenn wir sie besuchen, doch wir dürfen diesen Gefühlen nicht erlauben, unser Verhalten zu bestimmen. Wir respektieren unsere Eltern nicht deswegen, weil sie sich dementsprechend verhalten, sondern weil sie die Menschen sind, die uns das Leben schenkten. Ohne sie würden wir nicht existieren. Wir stehen in ihrer Schuld. Wir ehren unsere Eltern, indem wir die Wünsche des einen Elternpaares genauso respektieren, wie wir das mit den Wünschen des anderen Elternpaares tun. Wir mögen von dem Lebensstil des einen Paares oder sogar von beiden Elternpaaren nicht besonders begeistert sein. Wir sind vielleicht sogar der Meinung, dass ihr Verhalten unseren Respekt nicht verdient. Aber wir würdigen sie als Menschen, weil sie in sich das Bild des Schöpfers tragen.

Natürlich gilt: Wenn es zu Drogen- oder Alkoholmissbrauch, unflätiger Sprache oder sogar emotionalem oder körperlichem Missbrauch kommt, dann müssen Sie das in Ihren Überlegungen berücksichtigen, vor allem, wenn Sie Kinder haben. Ein Ansatz wäre es, die Freiheit Ihrer Eltern zu respektieren, dass sie für sich solche Entscheidungen treffen, doch von ihnen zu erwarten, dass sie ihr Verhalten ändern, solange Sie und Ihre Kinder zu Besuch sind. Wenn Ihre Eltern Sie auf die gleiche Art respektieren, wie Sie es bei Ihren Eltern tun, sind sie vielleicht damit einverstanden, sodass Sie gemeinsam schöne Feiertage verbringen können.

Zeigen Sie Respekt für andere Religionen

Unsere Gesellschaft ist multireligiös. Vielleicht sind Ihre Nachbarn Buddhisten, vielleicht leben die jungen Leute am anderen Ende der Straße als Hindus. Vielleicht ist Ihr Arbeitskollege Moslem, und viele andere, die Sie kennen, sind Christen. Doch selbst innerhalb des christlichen Glaubens gibt es unzählige religiöse „Dialekte". Es gibt den evangelischen „Dialekt", den katholischen „Dialekt", den baptistischen, den evangelisch-freikirchlichen, den methodistischen u.v.m. Jeder dieser „Dialekte" bringt eine andere Art zum Ausdruck, den christlichen Glauben zu leben. Sie alle stimmen aber in den wesentlichen Aussagen des christlichen Glaubens überein, doch darüber hinaus zeigen sie viele Unterschiede.

Die meisten Menschen, die irgendwann heiraten, sind in einem wie auch immer gearteten religiösen Kontext aufgewachsen. Vielleicht haben sie sehr tiefe persönliche Glaubensüberzeugungen oder aber sie sind mit dem Glaubenssystem, in dem sie aufgewachsen sind, nur flüchtig in Kontakt gekommen. Vielleicht lehnen sie sogar den Glauben ihrer Eltern ab. Es kommt nur selten vor, dass zwei Menschen heiraten, die den vollkommen gleichen Glauben oder identische Überzeugungen haben, selbst wenn sie aus der gleichen Gemeinde stammen. Religiöse Unterschiede führen häufig zu Unstimmigkeiten in der Ehe. Sie können sogar verhindern, dass wir zu den Mitgliedern unserer angeheirateten Familie positive Beziehungen aufbauen. Ich erinnere mich noch gut an das evangelische Ehepaar, das mir erzählte: „Unsere Tochter hat einen Katholiken geheiratet. Als sie befreundet waren, kam er mit in unsere Gemeinde und sagte uns, er sei nicht fest im katholischen Glauben verwurzelt. Doch als sie Kinder bekamen, bestand er darauf, dass sie im katholischen Glauben erzogen werden. Wir fühlen uns, als hätte er unsere Tochter betrogen. Das hat natürlich zur Folge, dass wir keine besonders gute Beziehung zu ihm haben."

Weil der Glaube ein so wichtiger Teil des Lebens ist, empfehle ich jungen Leuten, vor der Heirat ausführlich darüber zu sprechen, auf welchen Glaubensgrundlagen sie ihr gemeinsames Leben aufbauen wollen. Wenn Sie in grundlegenden religiösen Überzeugungen unterschiedliche Ansichten haben, müssen diese Unterschiede vor der Hochzeit angesprochen werden. Ansonsten können sie große Hindernisse auf dem Weg zu einer erfüllten Ehe darstellen. Zudem kann es für junge Paare auch ein Problem werden – selbst wenn sie in ihren eigenen religiösen Ansichten übereinstimmen –, dass sie die Glaubensüberzeugungen ihrer Eltern und Schwiegereltern unterschiedlich beurteilen. Ein Mann berichtete mir: „Meine Schwester ist mit einem Moslem verheiratet. Er versicherte ihr, dass alle Religionen im Grunde genommen dasselbe glauben, aber sie stellte bald fest, dass das nicht der Fall ist. Es war sehr schwierig, eine gute Beziehung zu meinem Schwager aufzubauen, denn er lehnt fast alles ab, an das ich glaube. Selbst wenn wir versuchen, das Thema Religion aus unseren Gesprächen auszuklammern, haben unsere Überzeugungen doch so viel Einfluss auf unser ganzes Leben, dass wir am Ende immer über irgendein Thema streiten."

Es ist wahr, dass jemand, der einen tiefen Glauben hat, in allen Bereichen seines Lebens von seinen Überzeugungen beeinflusst wird. Das ist der Grund, warum der Apostel Paulus Christen ermahnt, keine Ehe mit einem Nichtchristen einzugehen (siehe 2. Korinther 6,14-16). Wenn wir in unserer Ehe auch im geistlichen Bereich Übereinstimmung erleben wollen, dann müssen unsere Glaubensgrundsätze so ähnlich sein, dass wir zu einem Dialog kommen und gemeinsam im Glauben wachsen können.

Weil religiöse Überzeugungen in der ersten Phase des Verliebtseins häufig keine Rolle spielen, sind manche Paare schon verheiratet, bevor sie überhaupt feststellen, dass sie grundlegend andere Ansichten in Glaubensdingen haben. Die Unterschiede können zwischen den Ehepaaren auftreten oder aber zwischen ihren eigenen Ansichten und denen ihrer Eltern. Wie gehen wir also mit diesen Unterschieden um, und welche Rolle spielt dabei der gegenseitige Respekt?

Zuerst einmal müssen wir festhalten, dass wir niemals in der Lage sein werden, alle unsere religiösen Konflikte zu lösen. Versuche, die verschiedenen Religionen und Glaubensüberzeugungen zu vermischen, sind nie wirklich erfolgreich gewesen. Wenn wir allerdings auf Biegen und Brechen darauf hinarbeiten, unsere angeheiratete Verwandtschaft von unseren eigenen Glaubensgrundsätzen zu überzeugen, werden wir eine sehr aussichtslose Diskussion führen. Wenn wir uns aber dafür entscheiden, ihre Glaubensansichten zu respektieren, können wir damit eine Grundlage für eine ehrliche Diskussion schaffen. In einer solchen Atmosphäre können beide Seiten zu gegenseitigem Verständnis kommen, indem sie den Glauben des anderen besser zu verstehen versuchen und sogar in Frage stellen können – aber stets in dem Respekt, dass der andere das glauben darf, wofür er sich entscheidet.

Der Respekt für den Glauben Ihrer neuen Familie ist eine grundlegende Voraussetzung, um eine gute Beziehung mit ihnen aufbauen zu können. Das bedeutet nicht, dass Sie mit ihren Überzeugungen übereinstimmen. Es bedeutet lediglich, dass Sie ihnen die gleiche Wahlfreiheit zugestehen, die auch Gott ihnen zugesteht. Es können nicht alle Glaubensüberzeugungen richtig sein, denn viele von ihnen stehen einander völlig konträr gegenüber. Wir gehen natürlich davon aus, dass unser eigener Glaube der richtige ist.

Genauso denken auch Ihre Schwiegereltern von ihrem Glauben. Der gegenseitige Respekt für die Freiheit des Einzelnen, seine eigenen Entscheidungen zu treffen, ist das Fundament für einen echten Dialog. Wenn wir uns gegenseitig respektieren, können wir eine tiefe persönliche Beziehung entwickeln, selbst wenn wir in manchen Fragen des Glaubens unterschiedlicher Meinung sind.

Eric und Jane waren beide überzeugte Christen. Er wuchs in einer methodistischen Gemeinde auf, und sie stammte aus einem presbyterianischen Hintergrund. Beide trafen während ihrer Studienzeit eine persönliche Entscheidung für Jesus Christus. Sie hatten die Glaubensgrundsätze übernommen, mit denen sie aufgewachsen waren, aber ihr Glaube hatte nie wirkliche Bedeutung für ihr Leben bekommen. Während einer Vorlesung, in der ein Professor den christlichen Glauben in Frage stellte, erkannten sie beide, dass sie ihren eigenen Glauben tiefer durchdenken und leben mussten. Dies führte sie zu der persönlichen Erkenntnis, dass Jesus Christus tatsächlich lebendig ist. Dass in seinem Leben und Sterben Gottes Kraft sichtbar wurde und dass seine Auferstehung seine Lehren bestätigte. Sie schlossen sich einer Studenten-Bibelgruppe an und begannen, in ihrer Nachbarschaft von Jesus zu erzählen. Sie wussten, dass diese Erfahrungen aus dem Studium ihr Leben für immer verändern würden.

Als sie kurz nach dem Studienabschluss heirateten, erwarteten sie nicht, dass der Glaube zu einem Streitthema zwischen ihnen und ihren Eltern werden würde. Eric und Jane hatten sich einer örtlichen Gemeinde angeschlossen. Erics Vater fragte: „Zu welcher Konfession gehört die Gemeinde?"

Eric antwortete: „Sie hat sich nicht einer bestimmten Konfession angeschlossen. Es ist einfach eine christliche Gemeinde."

„Wie kann eine christliche Gemeinde nicht einem Verband oder einer Konfession angehören?"

„Ich weiß es nicht", sagte Eric. „Ich weiß nur, dass es eine bibeltreue Gemeinde ist, deren Mitglieder versuchen, nach dem Vorbild von Jesus zu leben. Wir fühlen uns dort wohl und denken, dass es der Ort ist, an dem wir sein sollen."

„Ich verstehe nicht, warum ihr euch nicht zu den Methodisten oder zu den Presbyterianern haltet. Warum geht ihr zu so einer unbedeutenden kleinen Gemeinde? Auf mich wirkt es so, als hätten die irgendwas zu verbergen. Bist du dir sicher, dass du nicht in einer Sekte gelandet bist?"

Als Jane ihren Eltern erzählte, dass sie sich dieser kleinen Gemeinde angeschlossen hatten, erhielt sie eine ähnliche Antwort. „Ich glaube, wir sind einfach davon ausgegangen, dass du und Eric euch auch einer Methodisten- oder Presbyterianergemeinde anschließen würdet, weil ihr darin aufgewachsen seid. Ich wünschte, ihr hättet mit uns darüber gesprochen, bevor ihr eure Entscheidung getroffen habt", sagte ihre Mutter. „War es Erics Idee oder deine?"

„Wir waren uns einig, Mama. Das ist die Gemeinde, zu der Gott uns geführt hat."

„Du hättest mehr dafür beten sollen", erwiderte ihre Mutter noch, bevor sie den Raum verließ.

Eric und Jane waren von der Reaktion ihrer Eltern schockiert. Erst einige Zeit später erkannten sie, dass Janes Eltern Eric dafür verantwortlich machten, dass er Jane in diese seltsame Gemeinde geschleppt hatte, und Erics Eltern Jane beschuldigten. In kürzester Zeit wurde „Glaube und Gemeinde" ein Tabuthema in beiden Elternhäusern. Das junge Paar musste mit der Erkenntnis zurechtkommen, dass beide Elternpaare mit ihrer Gemeindewahl nicht einverstanden waren.

Als sie mich aufsuchten und um Rat fragten, konnte ich ihren Frust und ihre Enttäuschung gut nachvollziehen. In den vergangenen dreißig Jahren habe ich unzählige Ehepaare begleitet, die sich aufgrund von Unterschieden im Glauben in starken Auseinandersetzungen mit ihren Eltern oder Schwiegereltern befanden.

„Eigentlich bestehen doch gar nicht so viele Unterschiede", sagte Eric. „Die grundlegenden Lehren in unserer Gemeinde sind die gleichen wie in der Gemeinde meiner Eltern. Es stimmt, dass wir einen Schwerpunkt auf zeitgemäße Anbetungslieder legen und darauf, dass sich jeder verbindlich einem Hauskreis anschließt, dass wir Gebetstreffen abhalten und unsere Gemeinderäume verlassen, um uns den Bedürfnissen der Menschen vor Ort zu widmen. Aber wir haben den gleichen Glauben. Ich verstehe einfach nicht, warum das so ein Problem für meine Eltern ist.“ Ich hörte genau zu, als Jane ebenfalls ihre Probleme mit ihren Eltern und Schwiegereltern schilderte.

„Ich bin sehr froh, dass Sie gekommen sind“, war meine erste Reaktion. „Es würde mir sehr weh tun, Sie noch in zwanzig Jahren mit diesen Problemen kämpfen zu sehen. Ich vermute, dass die Ablehnung, die Ihre Eltern Ihrer Gemeinde entgegenbringen, in Angst und in Liebe begründet ist. Sie lieben Sie beide sehr. Sie wünschen sich für Sie ein erfülltes Leben. Die Gemeinde war im Leben Ihrer Eltern schon immer sehr wichtig, und das wünschen sie sich auch für Sie beide. Die Angst liegt in dem Unbekannten begründet. Ihre Eltern wissen, was eine methodistische Gemeinde ist, und sie kennen die Presbyterianer. Aber sie wissen nichts über so kleine regionale Gemeinden. Sie befürchten, dass Sie in eine Art Sekte geraten könnten, die Ihnen einen Glauben oder eine Glaubenspraxis vermittelt, die Ihnen schadet.“

„Aber das ist einfach nicht wahr“, widersprach Eric.

„*Ich* weiß, dass das nicht stimmt, aber *Ihre Eltern* wissen das nicht“, erklärte ich. „Jeder von uns fürchtet sich vor dem Unbekannten.“

„Aber wie können wir ihnen helfen, das zu verstehen?“, fragte Jane.

„Alles fängt mit Respekt an“, sagte ich. „Sie beide müssen die Wahl respektieren, die Ihre Eltern für ihre eigene Gemeinde getroffen haben. Ihre Eltern wiederum müssen Ihre Wahl achten.“

„Wir respektieren ihre Gemeinde ja", sagte Jane, „aber sie tun das Gleiche nicht bei unserer Gemeinde."

„Es besteht die Hoffnung, dass sich das ändert", sagte ich.

„Deshalb sind wir hier", erklärte Eric. „Wenn sie nur unsere Entscheidung respektieren könnten und uns vertrauen, so wie wir ihnen vertrauen, dann würde alles gut werden."

Das war das erste von zahlreichen Gesprächen, die ich mit Eric und Jane führte. Innerhalb von sechs Monaten hatten sie den Respekt von beiden Elternpaaren gewonnen. Diese Entwicklung begann in einem offenen Gespräch zwischen Eric und Jane und seinen Eltern, in dem er der Gesprächsleiter war. Eric erklärte seinen Eltern, dass es für ihn und Jane sehr wichtig sei, im Blick auf ihre Entscheidung für ihre Gemeinde von ihren Eltern verstanden und unterstützt zu werden. Sie beide wollten versuchen, die Bedenken der Eltern zu verstehen, aber ebenso ihre eigenen Ansichten darzulegen.

Eric schlug vor, dass sie zuerst eine Liste der Glaubensgrundsätze der methodistischen Gemeinde erstellen sollten, danach eine Liste der presbyterianischen Gemeinde und schließlich eine Liste für die kleine Ortsgemeinde. Dann würden sie diese Listen vergleichen, um festzustellen, ob und wo es gravierende Unterschiede gab. „Wir wollen euch wirklich verstehen, und wir möchten so gerne, dass ihr uns auch versteht. Wir wissen, dass ihr uns liebt und dass ihr nur unser Wohlergehen im Blick habt." Erics Eltern waren gerne bereit, dabei mitzumachen.

Das junge Paar führte die gleiche Unterhaltung mit Janes Eltern, bei der Jane das Gespräch leitete. Ihre Eltern waren ebenfalls froh, dass sie über das Thema sprachen.

Als sie dann die grundlegenden Glaubensüberzeugungen der drei Gemeindegruppierungen verglichen, stellten alle fest, dass die Grundüberzeugungen die gleichen waren.

Eric schlug außerdem vor, dass sie einen kurzen Abriss der Entwicklung der methodistischen Gemeinde lesen könnten, wenn seine Eltern ihren Pastor um eine solche Darstellung bitten würden. Jane bat ihre Eltern, den Pastor ihrer Gemeinde das Gleiche zu fragen. Beide Elternpaare sagten, dass sie selbst gerne etwas über die geschichtliche Entwicklung ihrer Gemeinden lesen würden. „Unsere Gemeinde hat noch keine lange Geschichte", sagte Eric. „Aber wir werden fragen, wie es zur Gemeindegründung kam, und es euch dann erzählen."

Als sie die verschiedenen Gründungsgeschichten nachlasen, erkannten alle, dass die Motivation für die Gründung der kleinen Ortsgemeinde derjenigen ähnelte, die die Nachfolger von John Wesley zur Gründung der methodistischen Bewegung und die Nachfolger von John Knox zur Gründung der presbyterianischen Kirche geführt hatte. In der Zwischenzeit besuchten Eric und Jane die methodistische Gemeinde mit seinen Eltern und gingen mit ihren Eltern zu den Presbyterianern. Beide Elternpaare besuchten die kleine Ortsgemeinde mit Eric und Jane. Allmählich verschwanden die elterlichen Bedenken.

Eric und Jane signalisierten ihren Eltern, wie sehr sie deren Bereitschaft schätzten, ihre Gemeinde näher kennenzulernen. Und nach kurzer Zeit kamen tatsächlich beide Elternpaare zu der Erkenntnis, dass die Gemeinde für Eric und Jane genau richtig war. Inzwischen besuchen sie bei besonderen Anlässen gegenseitig die verschiedenen Gemeinden. Die Eltern akzeptieren nun Erics und Janes Entscheidung für ihre Gemeinde, genau wie die jungen Leute die Gemeindewahl ihrer Eltern respektieren.

Tragischerweise werden nicht alle Unterschiede in Glaubensfragen zu so einer befriedigenden Lösung kommen. Aber dieses Beispiel zeigt, wie man Differenzen auf eine gute Art und Weise ansprechen kann. Gegenseitiger Respekt von Anfang an wird die Situation immer entscheidend verbessern.

Respektieren Sie die Privatsphäre

Ich ging nur noch mal schnell in den Supermarkt, um Milch und Cornflakes zu kaufen. Als ich in den Gang mit Müsli und Cornflakes kam, entdeckte ich Tim und Marie. Ich erinnerte mich, dass ich sie bei einem Erziehungsseminar getroffen hatte, bei dem ich vor Kurzem einen Vortrag gehalten hatte. Nachdem wir uns begrüßt hatten, fasste sich Tim ein Herz und sagte: „Ich weiß, hier ist nicht der geeignete Ort für ein Beratungsgespräch, aber wir brauchen dringend Hilfe. Es geht um meine Eltern. Sie machen uns noch verrückt. Wir wollen sie nicht verletzen, aber wir müssen wirklich etwas unternehmen."

„Also, worum geht es?", fragte ich.

Marie antwortete: „Wir wissen nie im Voraus, wann sie zu Besuch kommen. Sie rufen nie an, um anzukündigen, dass sie kommen. Sie stehen einfach unangemeldet vor der Tür. Manchmal kommen sie völlig ungelegen. Die Kinder machen zum Beispiel gerade Hausaufgaben oder ich stecke bis über beide Ohren in Wäschebergen. Ich habe dann keine Zeit, um mich hinzusetzen und mich mit ihnen zu unterhalten, und die Kinder müssen ja auch mit den Hausaufgaben fertig werden. Das Schlimmste – und das ist auch der Grund, warum wir momentan so aufgeregt sind ..." Marie blickte zu Tim und er übernahm das Gespräch.

„In der letzten Woche hatten wir die Kinder früh ins Bett geschickt, damit wir einen romantischen Abend nur für uns allein haben konnten. Wir waren gerade im Schlafzimmer verschwunden, als es an der Tür klingelte und meine Verwandtschaft hereinspaziert kam. Wie Sie sich vorstellen können, zerstörte das unseren gemeinsamen Abend gründlich."

„Es ist einfach nicht fair", sagte Marie. „Ich merke, wie ich anfange, mich über sie zu ärgern. Ich wünschte, wir hätten geregelte Zeiten, in denen sie uns besuchen kommen, wenn es auch bei uns passt."

„Haben Sie mit Ihren Eltern darüber geredet?“, fragte ich.

Tim sagte: „Ich habe es vor ein paar Jahren versucht. Meine Mutter regte sich so darüber auf, dass sie drei Wochen lang weder bei uns angerufen hat noch vorbeigekommen ist. Dann standen sie eines Tages plötzlich wieder vor der Tür, als ob nichts gewesen wäre. Und seitdem kommen sie ständig vorbei. Wir haben nie wieder darüber gesprochen.“

„Wie oft kommen sie denn zu Besuch?“, wollte ich wissen.

„Mindestens einmal in der Woche“, sagte Marie. „Es gibt auch kein System, nach dem sie erscheinen. Es kann jeden Tag und jederzeit sein.“

„Besuchen Sie Tims Eltern manchmal?“, fragte ich.

„Ja“, sagte Tim. „Aber wir rufen immer an, bevor wir kommen. Wir dachten, dass unsere Anrufe sie vielleicht auf die Idee bringen, dass auch sie uns informieren, bevor sie kommen. Aber offensichtlich hat das nicht funktioniert. Meine Mutter hat mir sogar gesagt: ‚Du brauchst nicht anzurufen, wenn ihr uns besuchen wollt. Ihr könnt jederzeit vorbeikommen. Ihr gehört doch zur Familie.‘ Ich fürchte, wir haben etwas unterschiedliche Ansichten darüber, was es heißt, zur Familie zu gehören.“

„Für mich klingt das so, als sei das Problem fehlender Respekt“, sagte ich. „Ihre Eltern respektieren nicht Ihre Privatsphäre als Familie.“

„Ganz genau“, bestätigte Marie. „Aber was sollen wir jetzt machen?“

„Nun, Sie werden nie erreichen, dass man Sie respektiert, wenn Sie selbst respektlos sind“, erklärte ich. „Also sollten Sie möglichst nicht die Geduld verlieren und sie wütend rausschmeißen, oder ihnen ins Gesicht sagen, wie rücksichtslos sie sind, oder behaupten, Sie seien krank, oder ihnen sagen, dass Sie es nicht mehr ertragen, wie Ihr Zeitplan ständig durcheinandergebracht wird.“

„Bisher haben wir noch nicht so reagiert“, sagte Marie. „Aber glauben Sie mir, ich stand schon ein paarmal kurz davor.“

„Ich verstehe Sie sehr gut“, sagte ich. „Aber ich denke, Sie sehen selbst, dass eine solche Reaktion die Situation nur noch verschlimmern würde.“

„Ich glaube, es kann gar nicht noch schlimmer werden“, seufzte Marie.

„Lassen Sie uns einfach gemeinsam überlegen, was man verbessern kann“, schlug ich vor. „Sie müssen auf jeden Fall mit Ihren Eltern über Ihr Problem reden. Wenn Sie nur noch mehr Zeit vergehen lassen, wird das Ihr Problem nicht lösen. Ich glaube, das haben Sie selbst erkannt.“

Beide nickten und sagten: „Oh ja!“

„Ich schlage vor, dass Tim das Gespräch übernimmt, denn es handelt sich um seine Eltern. Wie Sie mit ihnen reden, ist ganz entscheidend. Zum Beispiel könnten Sie so beginnen: ‚Mama und Papa, ich liebe euch wirklich sehr. Ich hoffe, ihr wisst das. Auch Marie liebt euch von ganzem Herzen, und unsere Kinder sind davon überzeugt, dass es keine besseren Großeltern als euch gibt. Wir möchten so gerne weiterhin eine gute Beziehung zu euch haben und wünschen uns auch, dass unsere Kinder die Beziehung zu euch genießen. Ich weiß, dass ihr nur das Beste für uns wollt und dass ihr uns so liebt, wie wir euch lieben. Und ich hoffe sehr, dass ihr geduldig zuhören werdet, wenn wir euch jetzt sagen, was wir auf dem Herzen haben. Ihr habt mir in der Vergangenheit gesagt, dass ich mich nicht anmelden muss, wenn ich euch besuche oder wenn ich mir etwas aus Papas Geschäft holen will. Aber ich hatte immer das Gefühl, dass ich eure Privatsphäre respektieren sollte, indem ich euch mitteile, dass ich vorbeikommen will. Ich denke, dass ein kurzer Anruf es für alle einfacher macht. Uns geht es jedenfalls so, dass es manchmal, wenn ihr unangekündigt vor unserer Haustür steht, absolut unpassend ist. Zum Beispiel letzte Woche, als ihr am Dienstagabend um 20 Uhr zu uns gekommen seid: da hatten wir gerade die Kinder früh ins Bett gesteckt, um endlich mal wieder Zeit für einen romantischen Abend zu zweit zu haben. Wir hatten uns gerade ins Schlafzimmer zurückgezogen, als ihr geklingelt habt und hereinmarschiert seid. Ich glaube, ihr versteht, dass das nicht die beste Zeit für einen Besuch war.'"

Marie unterbrach mich an dieser Stelle und sagte zu Tim: „Glaubst du, dass du das wirklich zu deinen Eltern sagen kannst?"

„Ich denke schon", meinte Tim. „Ich glaube sogar, dass das die einzige Möglichkeit ist, um ihnen die Augen zu öffnen."

„Anschließend könnten Sie einige Vorschläge machen, beispielsweise dass Ihre Eltern anrufen, bevor sie losfahren, und fragen, ob Ihnen ein Besuch passt. Eine zweite Idee wäre es, dass Sie eine feste wöchentliche Zeit für einen Besuch festlegen. Dienstagabend könnte eine ‚Großelternzeit' werden. Das erleichtert Ihnen die Planung und jeder freut sich schon im Voraus auf den gemeinsamen Abend. Natürlich können Sie auch regelmäßig anrufen und Ihre Eltern zum Abendessen einladen oder sie bitten, Ihnen bei irgendetwas zu helfen. Wenn Sie die Initiative ergreifen, haben Ihre Eltern die Wahl, ob sie die Einladung annehmen wollen oder nicht. Sie haben dann gewissermaßen die Tür geöffnet und sie wissen lassen, dass Sie sie gerne bei sich haben würden. Was Sie damit Ihren Eltern signalisieren, ist Folgendes: Sie möchten, dass sie ein Teil Ihres Lebens und des Lebens Ihrer Kinder sind, doch Sie wünschen sich, dass das auf eine Art geschieht, die für alle passt.

Ich bin mir sicher, wenn Sie es auf diese Art versuchen, werden Sie feststellen, dass Ihre Eltern ein offenes Ohr für Ihre Vorschläge haben. Vielleicht verstehen sie nicht ganz, warum Sie das von ihnen verlangen, aber ich bin mir sicher, dass sie bereit sind, an einer Verbesserung der Situation zu arbeiten. Ich bin überzeugt, dass Ihre Eltern nicht die Absicht haben, Ihr Leben durcheinanderzubringen. Sie wollen einfach nur an Ihrem Alltag und am Alltag Ihrer Kinder teilhaben. Es ist lediglich die Art und Weise, wie sie das versuchen, die Sie beide so stört."

„Und was machen wir, wenn sie nicht auf unsere Vorschläge eingehen und weiterhin unangekündigt auftauchen?“, fragte Marie.

„Dann müssen Sie es auf die ‚Hart, aber herzlich‘-Methode probieren“, sagte ich. „Wir werden in diesem Fall einen Gesprächstermin ausmachen und ausführlich darüber sprechen, wie Sie sich respektvoll gegenüber Eltern abgrenzen können, die nicht bereit sind, Ihre Privatsphäre zu respektieren. Ich denke aber, dass sie Ihre Wünsche respektieren werden, wenn Sie es so vermitteln, dass es nicht als generelle Ablehnung verstanden wird.“

„Vielen, vielen Dank“, sagte Tim. „Ich bin so froh, dass Sie sich die Zeit genommen haben, um mit uns zu reden.“

„Lassen Sie mich wissen, wie Ihr Gespräch ausgegangen ist“, sagte ich.

„Auf jeden Fall“, versprach Marie. „Und ich hoffe, dass wir Sie nicht während Ihrer Sprechzeiten aufsuchen müssen.“

Ich nickte und suchte weiter nach meinen Cornflakes.

Ungefähr sechs Wochen später rief Tim mich an. „Ich wollte mich endlich einmal bei Ihnen melden und Ihnen erzählen, wie es weitergegangen ist“, meinte er. „Ich habe das Gespräch mit meinen Eltern geführt, kurz nachdem wir uns im Supermarkt getroffen hatten. Mein Vater war sehr verständnisvoll. Meine Mutter sagte, sie sei verletzt, dass es so weit gekommen ist. Sie dachte, dass wir uns innerhalb der

Familie jederzeit besuchen sollten, wenn wir gerade Lust darauf haben. Ich erklärte ihr, dass ich ihre Wünsche zwar verstehen kann, aber dass es für uns nicht funktionieren wird. Ich glaube, nach unserem Gespräch hat mein Vater noch einmal unter vier Augen mit ihr gesprochen, denn eine Woche später akzeptierte sie unsere Vorschläge. Wir haben den Donnerstagabend zu unserem Familienabend gemacht, an dem sie uns besuchen. Bisher klappt es wunderbar. Am letzten Samstagabend hatten wir sie zum Abendessen eingeladen, was ebenfalls sehr nett war. Die Beziehung zu meiner Mutter ist noch ein wenig angespannt, aber ich glaube, das gibt sich noch. Ich bin wirklich dankbar, dass Sie uns geholfen haben, denn die Situation war wirklich sehr problematisch für uns."

„Ich bin glücklich, dass es so gut geklappt hat", sagte ich. „Wenn Eltern und ihre verheirateten Kinder gegenseitigen Respekt für ihre Privatsphäre zeigen, entwickeln sich daraus gesunde Beziehungen. Rufen Sie mich an, wenn ich Ihnen noch bei irgendetwas helfen kann."

„Vielen Dank", sagte Tim.

Ich habe diese Geschichte so ausführlich geschildert, weil die Verletzung der Privatsphäre ein sehr verbreitetes Problem unter Eltern, Schwiegereltern und Kindern ist. Manche Paare lassen es in ihrer Verzweiflung so weit kommen, dass sie in einem Augenblick des Ärgers und der Wut mit verletzenden, harten Worten reagieren und so die Beziehung empfindlich beeinträchtigen, wenn nicht sogar zerstören. Manchmal bleiben diese Verletzungen über Jahre bestehen. Aber wenn es den jungen Paaren gelingt, die guten Absichten ihrer Eltern und Schwiegereltern zu respektieren und ihnen liebevoll deutlich zu machen, worüber sie sich ärgern, können die meisten Probleme konstruktiv gelöst werden.

Wenn die Eltern trotz allem darauf bestehen, dass es ihr gutes Recht ist, jederzeit unangekündigt hereinzuschneien, muss das junge Paar sie konfrontieren. Das bedeutet vielleicht, den Eltern an der Tür sagen zu müssen: „Es tut mir leid, aber ihr kommt gerade völlig unpassend. Ich bin dabei, die Kinder zu baden, und danach müssen sie ins Bett. Ich freue mich sehr, wenn ihr uns besucht, aber gerade passt es überhaupt nicht. Wenn ihr wollt, rufe ich euch morgen an, damit wir einen Termin vereinbaren können."

Wenn Ihre Eltern dann beleidigt weggehen, ist das nicht Ihre Verantwortung. Sie handeln so, wie es für Ihre Familie und letztlich damit auch für die Beziehung zu Ihren Eltern oder Schwiegereltern am besten ist. Wenn Sie dann am folgenden Tag anrufen und einen Termin vorschlagen, an dem ein Besuch passen würde, haben Ihre Eltern zwei Möglichkeiten: Sie können Ihre Einladung annehmen und damit das systematische Eindringen in Ihre Privatsphäre unterbrechen. Oder sie können antworten: „Nein danke, dieser Tag passt uns überhaupt nicht." Daraufhin können Sie sagen: „Das verstehe ich gut. Lasst mich wissen, wann ihr vorbeikommen wollt, und wir werden sehen, ob wir es uns einrichten können." Wenn Ihre Eltern sich daraufhin zwei oder drei Wochen lang nicht melden, geraten Sie bitte nicht in Panik. Sie versuchen vermutlich, ihre eigenen Gedanken und Wünsche zu sortieren. Geben Sie ihnen Zeit. Wenn sie sich von alleine nicht melden, rufen Sie nach drei Wochen an und laden sie erneut ein. Wenn sie dann wieder nicht auf die Einladung eingehen, ist es vielleicht besser, Sie warten, bis Ihre Eltern Sie anrufen.

Ihre Aufgabe ist es, die Tür für eine gute Beziehung offen zu halten. Wenn Ihre Eltern oder Schwiegereltern sich dafür entscheiden, beleidigt zu sein, und Sie beschuldigen, dass Sie sie aus Ihrem Leben drängen, ärgern Sie sich nicht. Sie wissen selbst, dass das nicht stimmt. Sie versuchen lediglich, eine Beziehung aufzubauen, die auf dem gegenseitigen Respektieren der Privatsphäre beruht.

Respektieren Sie ihre Vorschläge

Jeremys Schwager schlug vor, dass jetzt der richtige Zeitpunkt sei, um das Haus zu verkaufen und ein größeres zu kaufen. Nicht nur, dass Jeremy und Peggy ein Baby erwarteten, sondern „die Zinsen waren noch nie so niedrig wie jetzt. Es ist ein guter Zeitpunkt, um dein Haus zu verkaufen und ein neues zu kaufen." Jeremy hatte noch überhaupt nicht an einen Umzug gedacht, bis sein Schwager diesen Vorschlag machte. Als er und Peggy über diese Idee nachdachten, stimmten sie beide darin überein, dass sein Schwager recht hatte. Sie hielten nach einem geeigneten Haus Ausschau und boten ihr altes Haus zum Verkauf an. Das war vor fünf Jahren. Seitdem hat Jeremy oft zu Peggy gesagt: „Ich bin so dankbar, dass dein Bruder uns damals ermutigt hat umzuziehen. Dieses Haus ist so viel besser für uns geeignet, als es das alte war, und die monatlichen Belastungen sind fast die gleichen."

Egal, um welches Thema es sich handelt – wir haben alle unterschiedliche Vorstellungen davon. Unsere Ansichten gründen sich auf unsere Geschichte, Erziehung, Begabung und Sozialkompetenz. Weil aber kein Mensch alles wissen kann, wenden wir uns in Bereichen des Lebens, in denen wir wenig Erfahrung haben, oft an Menschen, die sich damit auskennen. Eine solche Offenheit gegenüber den Ansichten anderer Menschen zeigt eine große Lebensweisheit. Auch die Bibel sagt uns, dass wir, wenn wir den klugen Ratschlag anderer Menschen suchen, leichter zu einer guten Entscheidung gelangen können (siehe Sprüche 11,14). Eine reife Persönlichkeit wird immer ein Ohr für kluge Ratschläge haben, sogar wenn sie von der Schwiegermutter stammen. Wenn von Eltern oder Schwiegereltern Vorschläge kommen, dann sollten wir sorgfältig darüber nachdenken. Immerhin sind sie ein Stück älter und vielleicht auch weiser als wir.

Ein gutes Beispiel für die Weisheit eines Schwiegervaters finden wir in 2. Mose 18. Mose arbeitete ununterbrochen von morgens bis abends, um unter den Israeliten Recht zu sprechen. Sein Wartezimmer war stets überfüllt und es gab noch nicht einmal eine Kaffeepause. Moses Schwiegervater ermahnte und ermutigte ihn: „Was du tust, ist nicht gut. Du und die Menschen, die zu dir kommen, ihr seid völlig am Ende. Es ist einfach viel zu viel Arbeit für dich, du kannst sie nicht allein bewältigen. Hör zu, ich möchte dir ein paar Ratschläge geben." (2. Mose 18,17-19)

Moses Schwiegervater schlug vor, die Menschen in Gruppen von Tausend, Hundert, Fünfzig und Zehn zu unterteilen und einige Befugnisse an andere kluge Männer abzugeben. Diese sollten dann für die Menschen, für die sie zuständig waren, Recht sprechen. Mose hätte so mehr Zeit für Gott zur Verfügung und dafür, den Menschen Gottes Worte weiterzusagen. Auf diese Weise würde seine Arbeit eher „vorbeugend" wirken und nicht ein reines „Krisenmanagement" sein. Nur die schwierigen Fälle sollten weiterhin zu Mose zur Beurteilung gebracht werden. (2. Mose 18,22)

Mose erkannte die Weisheit des Vorschlags und nahm ihn gerne an. Indem er so handelte, zeigte er seine eigene Weisheit. Er musste nicht eine gute Idee ablehnen, nur weil sie von seinem Schwiegervater kam. Er war sich seiner eigenen Fähigkeiten so bewusst, dass er einen guten Vorschlag annehmen konnte, egal, von wem er stammte.

Wenn Sie die Ideen und Vorschläge Ihrer Schwiegereltern, Schwager oder Schwägerinnen respektieren und darüber nachdenken, verhalten Sie sich weise, nicht schwach oder unsicher. Auf der anderen Seite – wenn Sie derjenige sind, der den Ratschlag erteilt – vergessen Sie nicht, die Entscheidungsfreiheit des anderen zu respektieren. Versuchen Sie nicht, jemandem Ihre Ideen aufzuzwingen. Ideen sollten immer als Vorschläge angebracht werden, nicht als Forderungen. Wenn Sie von Ihrer Familie kluge Ratschläge erhalten und das Gefühl haben, dass damit Druck auf Sie ausgeübt wird, dann hören Sie den Vorschlägen dennoch genau zu. Denken Sie sorgfältig darüber nach und treffen Sie dann die Entscheidung, die Sie für die beste für sich und Ihre Familie halten. Wenn sich die liebe Verwandtschaft darüber aufregt, dass Sie ihre Ratschläge nicht angenommen haben, dann formulieren Sie ausdrücklich, wie dankbar Sie sind, dass Ihnen diese Vorschläge gemacht wurden. Lassen Sie sie wissen, dass Sie ausführlich darüber nachgedacht haben, aber dass Sie dennoch die Entscheidung getroffen haben, die Sie persönlich für die beste hielten. Dass Sie die Vorschläge Ihrer Schwiegereltern respektieren, bedeutet nicht, dass Sie die Ratschläge auch jedes Mal umsetzen. Schließlich liegt die Verantwortung für Ihre Entscheidungen bei Ihnen, nicht bei Ihren Schwiegereltern.

Respektieren Sie die Eigenheiten Ihrer angeheirateten Familie

Ein kluger Mensch hat einmal gesagt: „Wir sind alle verschieden, doch manche von uns sind noch ein bisschen unterschiedlicher als die anderen." Wenn Sie die Eltern und Geschwister Ihres Ehepartners kennenlernen, werden Sie vielleicht etwas entdecken, was Sie als seltsames Verhalten einsortieren würden. Für Ihren Ehepartner mag das allerdings überhaupt nicht seltsam sein, denn er oder sie ist ja dieses Verhalten von klein auf gewohnt. Beispielsweise fand Pam es sehr ungewöhnlich, dass ihr Schwiegervater jeden Samstag alleine, ohne seine Familie, verbrachte. Während der Jagdsaison ging er zur Jagd. Wenn er nicht auf der Jagd war, ging er Fischen oder Golfspielen. Für ihn war der Samstag ein Ruhetag, doch er nannte ihn eher einen Tag der „Neubesinnung". „Das ist meine Art, um nach einer stressigen Arbeitswoche neue Kraft zu schöpfen", sagte er.

Pam hatte das Gefühl, dass er sich unfair gegenüber seiner Frau und seinen Kindern verhielt, doch seine Familie schien das als völlig normal zu empfinden. Pam fragte ihren Ehemann Phil: „Hat dein Vater dich nie mit zum Fischen genommen?"

„Doch", sagte Phil, „aber nicht an einem Samstag."

„Und was ist mit der Jagd?"

„Ja, schon ein paarmal, aber auch nicht samstags."

„Und Golf?"

„Nein, das nicht. Er sagte, Golf sei ein Sport für Männer, nicht für Jungs."

„Hattest du nie den Wunsch, an einem Samstag mit deinem Vater fischen oder jagen oder Golf spielen zu gehen?", bohrte Pam nach.

„Doch, das hätte ich gerne gemacht, doch meine Mutter erklärte mir, dass er sich auf diese Weise am besten erholen könne, allein. Also habe ich mit meinem Bruder und den Nachbarskindern gespielt."

„Meinst du, deine Mutter hat es gestört, dass er jeden Samstag weg war?"

„Vielleicht am Anfang", sagte Phil. „Aber ich glaube, im Laufe der Zeit hat sie es akzeptiert. Ich habe nie gehört, dass sie sich deswegen gestritten hätten."

„Du weißt aber schon, dass ich mir das in unserer Beziehung niemals vorstellen könnte?"

„Ja", sagte Phil. „Mach dir keine Sorgen. Ich möchte den Samstag gerne mit dir und den Kindern verbringen. Ich muss mich nicht in die Einsamkeit zurückziehen, um aufzutanken."

„Also gut", sagte Pam. „Denn wenn du an dieser Stelle wie dein Vater wärst, würden wir zwei so manchen Kampf auszufechten haben."

Pam hätte ihrem Schwiegervater am liebsten Vorhaltungen gemacht: „Hast du eigentlich keine Ahnung, wie dumm du dich in den ganzen Jahren verhalten hast? Verstehst du nicht, wie egoistisch du bist? Meiner Meinung nach bist du eine jämmerliche Ausgabe von einem Ehemann und Vater." Sie war aber klug genug zu wissen, dass sie sich einen Feind machen würde, wenn sie das laut ausspräche. Sie erkannte ebenfalls, dass es nicht ihre Aufgabe war, ihrem Schwiegervater vorzuschreiben, wie er sein Leben zu führen hatte. Pam beschloss, dieses Verhalten einfach als etwas zu akzeptieren, das zwar zu ihrem Schwiegervater gehörte, das sie aber nicht verstand. Wenn ihre Schwiegermutter in der Lage war, diese „Samstag-Erholungs-Philosophie" zu tolerieren, dann würde sie es eben auch tun, auch wenn dieses Verhalten in ihren Augen sehr seltsam war.

Es können Kleinigkeiten sein, die Ihnen an dem Verhalten Ihrer angeheirateten Familie unangenehm auffallen. Marcy störte es jedenfalls sehr, dass ihr Schwager niemals die Autotür für ihre Schwester öffnete. Außerdem trug er ständig eine Baseball-Kappe, auch wenn er im Haus war. Ihre Mutter hatte Marcy und ihrer Schwester stets gesagt, dass Baseball-Kappen auf den Sportplatz gehörten oder vielleicht noch in den Garten, aber dass ein echter Gentleman auf jeden Fall seine Kopfbedeckung abnahm, wenn er ein Haus betrat. Das Verhalten ihres Schwagers gegenüber ihrer Schwester wirkte auf Marcy unhöflich und respektlos. Sie hatte das Gefühl, ihre Schwester habe einen taktlosen Mann geheiratet.

Als sie mit ihrer Schwester darüber sprach, sagte diese: „Nun ja, mir würde es auch besser gefallen, wenn mein Mann mir die Autotür öffnen oder seine Kappe ablegen würde, wenn er ins Haus kommt. Aber er ist so ein guter Mann und behandelt mich so liebevoll, dass ich es nicht über das Herz bringe, deswegen einen Aufstand zu machen. Im Großen und Ganzen sind diese Dinge doch nur Kleinigkeiten."

Nachdem sie ihre Meinung geäußert und die Antwort ihrer Schwester gehört hatte, entschied Marcy, dass sie das Thema ruhen lassen würde. Sie selbst hatte weiterhin ihre eigenen Vorstellungen vom Verhalten ihres Schwagers. Wenn es ihr eigener Ehemann gewesen wäre, hätte sie ein solches Verhalten niemals akzeptiert. Doch wenn ihre Schwester damit leben konnte, dann würde sie deswegen keinen Streit mit ihrem Schwager vom Zaun brechen.

Es gibt tausend Dinge, die uns an den lieben Verwandten stören könnten. Dennoch müssen wir sorgfältig abwägen, ob es sich lohnt, dafür einen Streit zu riskieren. Manche Dinge sind einfach nicht der Mühe wert, dass man darüber streitet, und andere Themen gehen uns eindeutig nichts an. Es ist nötig, dass wir lernen, die Eigenheiten unserer angeheirateten Verwandtschaft zu akzeptieren, wenn wir gute, harmonische Beziehungen zu ihnen haben wollen. Und ehrlich gesagt: Wenn wir über jeden Punkt streiten würden, der uns bei ihnen aufregt, dann würden wir den Rest unseres Lebens mit Nörgeln und Kämpfen verbringen.

Angeheiratete Verwandte sind nicht dazu gemacht, unsere Feinde zu sein. Sie sind vielmehr dazu gedacht, unsere Freunde zu werden. Respekt für ihre Feiertagstraditionen, ihre religiösen Ansichten, ihre Privatsphäre, ihre Vorschläge und ihre Eigenheiten ist ein Meilenstein auf dem Weg zu einer freundschaftlichen Beziehung.

Vom Prinzip zur Praxis

Mit welchen Schwierigkeiten haben Sie bei den folgenden Themen zu kämpfen?

1. Respekt für Feiertagstraditionen

2. Respekt für religiöse Unterschiede

3. Respekt für die Privatsphäre

4. Respekt für die Vorschläge der angeheirateten Familie

5. Respekt für die Eigenheiten der lieben Verwandtschaft

Sprechen Sie mit Ihrem Ehepartner darüber, wie Sie die Beziehung zu seiner bzw. Ihrer Familie verbessern könnten, indem Sie mehr Respekt zeigen.

3. Sprechen Sie für sich selbst

Der Frust in schwierigen Beziehungen zur neuen Verwandtschaft kann häufig so groß werden, dass wir anfangen, verletzende Bemerkungen zu machen. Wir versuchen zuzuhören, bevor wir etwas erwidern, und unser Gegenüber zu respektieren, doch die Situation wird trotzdem immer schlimmer. Irgendwann verlieren wir dann die Kontrolle und starten einen vernichtenden Gegenangriff. Ich erinnere mich an Margot, die mir gestand: „Ich kann es nicht glauben, dass ich meine Schwiegertochter wirklich als ‚Hure' bezeichnet habe. Ich denke, es lag daran, dass mich ihr oberflächliches, flirtendes Verhalten stört. Sie zieht sich an wie eine Prostituierte, also habe ich sie so genannt. Ich weiß nicht, ob sie jemals wieder ein Wort mit mir wechseln wird, und mein Sohn ist genauso sauer auf mich."

Margot war gefangen in einem Verhaltensmuster, das ganz typisch für Beziehungen zwischen angeheirateten Verwandten ist. Wir alle haben unsere eigene Wahrnehmung davon, was mit einer anderen Person nicht stimmt. Wir erlauben es unserem verletzten Stolz und unseren Vorurteilen, immer mehr Raum in uns einzunehmen, und dann greifen wir urplötzlich mit harten Worten an, die wir später aufrichtig bereuen. Viele dieser verletzenden Äußerungen werden deshalb gemacht, weil wir den Eindruck haben, für die andere Person sprechen zu müssen. Wir glauben zu wissen, welche Art von Charakter unser Gegenüber hat. Und wir haben eine feste Vorstellung davon, was ihr Verhalten unserer Meinung nach aussagt. „Du verhältst dich unverantwortlich und respektlos."

Was Margot in der Hitze des Gefechts zu ihrer Schwiegertochter sagte, klang wortwörtlich so: „Du kleine Hure! Du ziehst dich an wie eine Prostituierte. Ich bin wirklich erstaunt, dass du bis jetzt noch nicht vergewaltigt worden bist. Du bist auf dem besten Weg dahin, deine Ehe zu zerstören! Denkst du denn überhaupt nicht an die Kinder?" Jede „Du"-Botschaft schlug ein wie eine Bombe – mitten hinein in ihre Beziehung. Wenn Margot sich nicht so bald wie möglich aufrichtig entschuldigt, wird ihre Schwiegertochter vielleicht nie wieder mit ihr reden.

Wenn wir einen Satz mit „Du bist ... du hast ..." beginnen, reden wir so, als hätten wir die Situation vollständig begriffen. Doch in Wirklichkeit geben wir nur unsere Wahrnehmung des „Du" wieder. Solche Feststellungen kommen bei unserem Gesprächspartner verletzend an und rufen höchstwahrscheinlich eine abwehrende Antwort hervor. Das alles führt zu einem handfesten Streit. Schließlich werden wir vermutlich auseinandergehen und ziemlich sauer auf den anderen sein.

Es gibt eine ganz einfache Methode, dieses destruktive Verhalten zu durchbrechen. Sie nennt sich „für sich selbst sprechen". Es fängt damit an, dass wir einüben, „Ich"-Botschaften statt „Du"-Botschaften zu senden. Zum Beispiel: „Ich bin verletzt" statt „Du hast mich verletzt". Wenn Sie Ihren Satz mit „Ich" beginnen, drücken Sie damit Ihre eigenen Gefühle aus. Wenn Sie Ihre Sätze mit „Du" beginnen, ist das ein Angriff auf den anderen. „Anklagende Du"-Botschaften sind wie verbale Granaten, die Schmerz, Verletzungen und häufig genug Gegenangriffe provozieren. „Ich"-Botschaften offenbaren ein Problem, ohne dabei den anderen als Person anzugreifen.

Margots Schwiegertochter war keinesfalls eine unmoralische Person. Nur weil sich ihr Modegeschmack deutlich von dem ihrer Schwiegermutter unterschied, war sie noch lange nicht auf Männerfang aus. Wenn Margot „Ich"-Botschaften verwendet hätte, um ihre Besorgnis auszudrücken, hätte das Gespräch vollkommen anders verlaufen können. Sie hätte es ungefähr so sagen können: „Ich habe Angst um eure Ehe. Ich habe das Gefühl, dass einige Männer dein Verhalten als eine Aufforderung empfinden könnten. Ich glaube nicht, dass es das ist, was du erreichen möchtest. Und ich will dich nicht kritisieren. Ich bin nur besorgt. Ich möchte doch das Beste für dich und Jerry!" Vielleicht wäre ihre Schwiegertochter auch dann verletzt oder beleidigt gewesen, doch sie hätte sicherlich versucht, Margots Besorgnis zu verstehen. Nur wenn Sie für sich selbst sprechen, können Sie zuverlässige Aussagen machen. Sie sprechen über *Ihre eigenen* Gefühle, Gedanken, Wünsche und Wahrnehmungen. „Ich denke …" – „Ich habe das Gefühl …" – „Ich wünsche mir …" – „Meine Wahrnehmung ist, dass …" All diese Aussagen sind zuverlässig, denn sie zeigen, was in *Ihnen* vorgeht. Sie sprechen für sich selbst.

Wenn Sie dagegen „Du"-Botschaften formulieren, werden Sie fast immer falsch liegen, denn Sie können niemals wirklich nachvollziehen, was in einer anderen Person vor sich geht. Sogar wenn Sie positive „Du"-Botschaften aussenden, sprechen Sie über mehr, als Sie wissen können. „Du bist die schönste Frau auf der ganzen Welt." Das ist auf jeden Fall eine sehr positive, aber keine zuverlässige Aussage, denn Sie sprechen in diesem Moment für alle Menschen dieser Erde. Wir wissen ja, was Sie meinen, und vermutlich wird Ihre Aussage auch als Kompliment aufgefasst. Dennoch wäre es realistischer, wenn Sie sagen würden: „Für mich bist du die schönste Frau, die ich jemals gesehen habe." So klingt das Kompliment ernst gemeint und nicht bloß wie ein plumper Spruch.

Wenn Sie Kritik äußern wollen, ist es noch viel wichtiger, dass Sie für sich selbst sprechen. Neals Mutter Betty machte abfällige Bemerkungen über seine Frau Jane. Sie sagte, Jane sei faul. „Warum geht sie nicht arbeiten?", fragte Betty ihren Sohn. „Sie könnte dir helfen. Wenn ihr beide arbeiten würdet, könntet ihr euch endlich ein Haus leisten und müsstet nicht eine so hohe Miete zahlen." Betty blieb bei ihrer Kritik und schloss mit den Worten: „Liebling, ich möchte doch nur das Beste für dich. Ich finde es so schlimm, wie Jane ihre Zeit verschwendet!"

Am liebsten hätte Neal ihr geantwortet: „Du verstehst überhaupt nichts! Du hast kein Recht, Jane zu kritisieren! Du solltest besser deinen Mund halten und dich nicht länger in unser Leben einmischen!" Glücklicherweise hatte Neal jedoch schon einiges darüber gelernt, wie er für sich selbst sprechen kann. Also begann er: „Es ist gut, dass du mir sagst, welche Gedanken du dir über uns machst. Ich hatte keine Ahnung, dass du die Situation so empfindest. Ich kann deine Besorgnis verstehen, du meinst es bestimmt nur gut. Jane und ich haben schon darüber gesprochen, dass sie arbeiten gehen könnte. Wir waren aber beide der Ansicht, dass sie zuerst ihren Studienabschluss machen sollte. Sie absolviert gerade ein Fernstudium und wird im Mai fertig sein. Wir glauben beide, dass das die richtige Entscheidung für uns ist. Aber danke nochmal, dass du mir gesagt hast, dass du dir Sorgen machst."

Weil Neal in dieser Weise für sich und seine Gefühle sprach, konnte er eine unnötige Auseinandersetzung mit seiner Mutter vermeiden. Wenn Ihre Schwiegereltern mit verletzenden Aussagen auf Sie zukommen, dann wird eine Gegenattacke von Ihrer Seite aus einen völlig überflüssigen Streit in Gang setzen. Es ist viel besser, in diesem Fall mit „Ich"-Botschaften zu antworten, die Ihre eigene Meinung in einer positiven Art darstellen.

Das größte Hindernis in dem Bemühen, für sich selbst zu sprechen, sind negative Gefühle. Verletzungen, Wut, Vorurteile und Angst drängen uns dazu, zurückzuschlagen. Aber das führt nur zu Streit, und Streit führt zu zerstörten Beziehungen. Deshalb schlage ich Ihnen Folgendes vor: Wenn Sie von einer Person aus Ihrer angeheirateten Familie angegriffen werden, atmen Sie tief durch, schweigen Sie einen Moment und antworten Sie erst danach. Das wird Ihnen helfen, leichter auf den „Ich“-Zug als auf den „Du“-Zug aufzuspringen.

Für sich selbst zu sprechen ist eine besondere Art, Gespräche zu führen. Die meisten von uns sind mit „Du“-Botschaften aufgewachsen. „Du hast mich enttäuscht“ oder „Du warst ungehorsam“ sind Botschaften, die Sie von Ihren Eltern gehört haben. „Du machst mich so wütend“, „Du hast mich angelogen“, „Du bist unmöglich“ sind Bemerkungen, die Ihre Eltern sich möglicherweise gegenseitig an den Kopf geworfen haben.

Wie können Sie aus diesem destruktiven, verletzenden Verhalten ausbrechen? Indem Sie sich bewusst dafür entscheiden! Zuerst müssen Sie erkennen, wie wichtig es ist, dass Sie für sich selbst sprechen. Dann sollten Sie versuchen, es umzusetzen. Vielleicht hilft es Ihnen, wenn Sie sich vor einen Spiegel stellen und sagen: „Ich fühle mich verletzt“, „Ich bin wütend“, „Ich bin enttäuscht“, „Ich habe das Gefühl, dass du nicht ehrlich zu mir warst“, „Ich glaube, du vertraust mir nicht“. Wenn Sie es vorher einüben, „Ich“-Botschaften zu formulieren, wird es Ihnen leichter fallen, sie auch in echten Gesprächen einzusetzen.

Natürlich werden Sie Ihr Gesprächsverhalten nicht über Nacht ändern können. Sicherlich werden Sie immer noch ab und zu Sätze mit „Du“-Botschaften verwenden. Wenn Sie einen Satz mit einem „Das, was Du tust, ist …" beginnen, dann halten Sie inne und sagen Sie stattdessen: „Lass mich das einmal anders ausdrücken. Ich glaube, das, was du tust, könnte …" Wenn Sie in Ihrem Satz das „Du" mit einem „Ich" ersetzen, lernen Sie nicht nur, für sich selbst zu sprechen, sondern auch Ihr Gesprächspartner wird diesen Lernprozess bei Ihnen beobachten können.

Nach einiger Zeit haben Sie es gelernt, für sich selbst zu sprechen. Wenn Sie das können, haben Sie eine weitere wichtige Fähigkeit erlangt, um eine gute, freundschaftliche Beziehung zu Ihrer neuen Familie aufzubauen.

Vom Prinzip zur Praxis

1. Hören Sie sich selbst zu, wenn Sie reden. Wie viele Ihrer Sätze beginnen mit „Du“, vor allem, wenn Sie sich über etwas aufregen? „Du“-Botschaften sind oft der Auslöser für einen Streit.

2. Wenn Sie das nächste Mal negative Gefühle haben, stellen Sie sich vor einen Spiegel und üben Sie: „Ich bin verletzt“, „Ich bin wütend“, „Ich bin enttäuscht“ oder „Ich habe das Gefühl, dass du nicht ehrlich zu mir warst“. Verwenden Sie die geübten „Ich“-Sätze, wenn Sie mit der Person reden, auf die Sie sauer sind.

3. Wenn Sie Ihren Satz mit „Du machst mich …“ beginnen, unterbrechen Sie sich selbst und sagen Sie stattdessen: „Lass mich das anders ausdrücken: Ich bin verletzt, wenn du Folgendes sagst …“

4. *Versuchen Sie, im Gespräch zu bleiben*

„Warum können wir Oma nicht mal wieder besuchen?", fragte die Siebenjährige.

Ihre Mutter antwortete: „Weil Oma uns gerade nicht sehen will."

„Warum?", fragte die Kleine.

„Weil dein Bruder beim letzten Mal die Tapete deiner Oma mit Buntstiften vollgekritzelt hat. Sie möchte gerne, dass wir mit einem Besuch warten, bis du und dein Bruder etwas älter geworden seid."

„Aber ich werde ihre Wände nicht vollkritzeln."

„Ich weiß das, mein Schatz, aber Oma weiß das nicht. Es hat sie eine Menge Geld gekostet, das Zimmer neu tapezieren zu lassen, und sie ist immer noch ziemlich wütend deswegen."

„Wann wird sie denn nicht mehr wütend sein?"

„Ich weiß es nicht. Wir versuchen gerade, das mit ihr zu klären."

„Wir versuchen gerade, das mit ihr zu klären." Darum geht es, wenn wir im Gespräch bleiben. Im Gespräch bleiben bedeutet, eine Situation oder ein Thema so lange zu besprechen, bis ein für alle befriedigendes Ergebnis erzielt wird. Im Gespräch bleiben ist das Gegenteil von sich zurückziehen und Vorurteile pflegen. Wenn wir versuchen zu vermitteln, glauben wir immer noch daran, dass sich eine Lösung finden wird. Und mit Gottes Hilfe werden wir sie auch finden.

Warum aber ist es so wichtig, im Gespräch zu bleiben? Wenn wir das nicht versuchen, werden angeknackste oder zerstörte Beziehungen auf Jahre hinaus nicht wieder heil werden. Stellen Sie sich nur die Tragödie vor, wenn das Mädchen aus dem Eingangsbeispiel mit zwölf Jahren immer noch fragt: „Wann können wir endlich Oma wiedersehen?" Wenn wir nicht versuchen, unsere Konflikte zu bereinigen, bauen wir Mauern zwischen uns und unseren Verwandten auf, und die Wahrscheinlichkeit, dass sich eine freundschaftliche Beziehung entwickelt, wird verschwindend gering.

Wut ist häufig das Gegenteil von Gesprächsbereitschaft. Vielleicht waren Ihre Gedanken, als Sie das obige Beispiel gelesen haben, ungefähr diese: „Wenn diese ältere Dame so denkt, dann vergiss es einfach! Ich würde meine Kinder nie wieder mit zu so einer Oma nehmen. Wenn die Tapeten für sie wichtiger sind als meine Kinder, dann ist es mir egal, ob wir eine gute Beziehung haben oder nicht." Selbst wenn diese Gedanken durchaus verständlich und nachvollziehbar sind, ist es falsch, ihnen nachzugeben, denn auf diese Art wird jegliche Gesprächsbereitschaft sabotiert. Jeder verliert dabei, wenn wir unserer Wut erlauben, uns in eine unnachgiebige Opposition zu drängen.

Gesunde Beziehungen zu Ihren Schwiegereltern, Schwagern und Schwägerinnen verlangen Gesprächsbereitschaft allein schon aus einem einfachen Grund: Wir alle sind Menschen. Menschen denken unterschiedlich, haben unterschiedliche Gefühle und Reaktionen. Wenn wir nicht darüber im Gespräch bleiben, erlauben wir unseren Unterschiedlichkeiten, uns auseinanderzubringen. Einige der schmerzvollsten Gespräche, die ich in meiner Beratungspraxis geführt habe, drehten sich um Beziehungen innerhalb der Familie, wo seit Jahren nicht miteinander gesprochen wurde, nur weil sich eine Seite dem Gespräch verweigerte. Ich bitte Sie um Ihres Ehepartners und Ihrer Kinder willen, dass Sie Ihren Dickkopf überwinden und lernen, miteinander im Gespräch zu bleiben.

Wir haben bereits drei wichtige Fähigkeiten besprochen, die Sie in die Lage versetzen, im Gespräch zu bleiben. Zuerst haben wir darüber geredet, wie wichtig es ist, dass Sie zuerst zuhören, bevor Sie reden. Stellen Sie Rückfragen, die es Ihnen ermöglichen, die Gefühle und Gedanken Ihres Gesprächspartners besser zu verstehen. Seien Sie zweitens respektvoll gegenüber den Vorschlägen des anderen. Vielleicht stimmen Sie nicht damit überein, aber Sie geben Ihrem Gegenüber damit die Freiheit, seine Meinung zu äußern, auch wenn sie anders ist als Ihre eigene. Und sprechen Sie drittens für sich selbst. Benutzen Sie „Ich“-Botschaften, keine „Du“-Botschaften. Während Sie diese Punkte im Hinterkopf behalten, möchte ich nun auf einige Schritte eingehen, die uns helfen, im Gespräch zu bleiben:

Machen Sie ein Angebot

Jedes Gespräch beginnt mit einem, der ein Gesprächsangebot macht. Einer muss das Schweigen durchbrechen. Schweigen ist meist ein Zeichen dafür, dass etwas nicht in Ordnung ist. Jemand hat etwas getan oder gesagt, und daraufhin ist ein anderer beleidigt. Vielleicht haben wir etwas Unfreundliches gesagt und sind dann ohne ein weiteres Wort auseinandergegangen. Oder wir sind gleich in den Schweige-Modus gefallen, haben nicht gesagt, was uns verletzt hat, und fressen nun Wut und Ärger in uns hinein. Ein Moment der Stille ist eine gute Möglichkeit, um uns zu sammeln und unsere Wut in den Griff zu bekommen. Das Schweigen darf aber nicht zu einem lebenslangen Verhaltensmuster werden. Geben Sie sich Zeit, um sich innerlich zu beruhigen. Aber dann sollten Sie den Anfang machen. Vielleicht dauert das Schweigen einen oder höchstens zwei Tage. Aber je länger es andauert, desto schwieriger wird es, die Mauern zu durchbrechen. Die Funkstille muss möglichst schnell beendet werden, wenn wir unsere Beziehungen zueinander verbessern wollen.

Martha, die Mutter des oben erwähnten Sohnes, der die Wände seiner Oma „verziert“ hatte, rief ihre Schwiegermutter an und sagte: „Ich habe so ein schlechtes Gewissen, dass Jason deine Wände vollgekritzelt hat. Wenn ich nur das Geld hätte, würde ich dir die neuen Tapeten bezahlen. Ich habe das Geld aber wirklich nicht und deshalb fühle ich mich noch schlechter. Mir ist es so wichtig, dass die Kinder eine gute Beziehung zu dir haben. Deshalb fände ich es toll, wenn wir uns am Donnerstagnachmittag um zwei im Park treffen könnten. Die beiden würden dich so gerne sehen. Meinst du, du könntest das möglich machen?" Mit diesem Gesprächsangebot hat Martha sich für das Verhalten ihres Sohnes entschuldigt, sie hat ihr Bedauern ausgedrückt und ihren Wunsch, die Situation zu bereinigen. Sie hat außerdem ihrer Schwiegermutter eine Möglichkeit angeboten, sich mit den Enkelkindern zu treffen, ohne dass ihr Haus erneut in Mitleidenschaft gezogen wird. Wenn die Großmutter das Angebot annimmt, dann ist die Beziehung schon auf dem Weg der Besserung.

Unsere Vorschläge sollten realistisch sein und die Verletzungen berücksichtigen, die vorhanden sind. Das bedeutet, dass wir mit einer Entschuldigung beginnen, sofern wir die Verletzungen verursacht haben. Wir übernehmen und zeigen unseren Willen, eine Wiedergutmachung zu leisten, wenn es möglich ist. Die Entschuldigung sollte dann von einem Angebot unterstützt werden, das dabei helfen soll, die Beziehung zu erneuern. Vielleicht fühlen Sie sich immer noch beleidigt und möglicherweise verstehen Sie auch nicht, warum Ihr Verwandter so verletzt reagiert hat. Dennoch versuchen Sie alles, um ein Gespräch in Gang zu bringen, und ziehen sich nicht eingeschnappt zurück. Ihr Angebot eröffnet die Möglichkeit, dass Sie beide Ihre Beziehung positiv weiterentwickeln.

Gute Gesprächsangebote sind genau auf die Situation abgestimmt, vielleicht auch ungewöhnlich. Anstatt zu sagen: „Die Kinder vermissen dich so, ich hoffe, dass wir uns bald treffen können", machte Martha ein Angebot für einen speziellen Tag, eine exakte Zeit und einen bestimmten Ort. Allgemeine Vorschläge sind zu ungenau, um hilfreich zu sein. Hätte Martha sich nur vage geäußert, hätte es unter Umständen Wochen oder Monate gedauert, bis ihre Schwiegermutter darauf geantwortet hätte. Doch weil sie sich ihren Vorschlag so genau überlegt hatte, machte sie es ihrer Schwiegermutter einfach, darauf zu reagieren. Und der Prozess der Heilung konnte eher beginnen.

John und Kim saßen in meinem Büro und beklagten sich bitterlich darüber, dass Johns Vater ihren beiden Kindern Kaugummi geschenkt hatte, obwohl sie ihn ausdrücklich gebeten hatten, das nicht zu tun. Sie spielten mit dem Gedanken, ihren Kindern den Aufenthalt bei den Großeltern völlig zu untersagen, weil sie Johns Vater nicht länger vertrauen konnten.

Da ich selber Großvater bin, musste ich innerlich ein wenig schmunzeln, doch ich wusste, dass es John und Kim ernst war. Für sie ging es nicht nur um ein paar Kaugummis. Es war eine Frage des Vertrauens. Sie hatten das Gefühl, dass es vielleicht besser sei, die Kinder ganz von Johns Vater fernzuhalten, wenn sie ihm nicht trauen konnten.

Ich hörte aufmerksam zu, stellte ein paar klärende Zwischenfragen und sagte schließlich zu den beiden: „Ich glaube, ich habe Ihr Problem verstanden. Ich bin mir sicher, dass ich in Ihrer Situation das Gleiche befürchten würde. Ich möchte Ihnen gerne sagen, was ich darüber denke." (Na, wie mache ich mich als Gesprächspartner?)

Ich bestätigte, dass John und Kim natürlich die Freiheit hatten, ihre Kinder von Johns Vater fernzuhalten, doch dass meiner Meinung nach ein Gesprächsangebot viel besser sei, als sich komplett zurückzuziehen. Eine Trennung verhindert, dass die Beziehung wieder besser werden kann, während ein Gesprächsangebot die Tür für eine Verbesserung öffnet.

Ich schlug vor, dass die beiden Johns Vater in etwa folgendes Gesprächsangebot machen sollten: Zuerst sollten sie ihn wissen lassen, dass sie sehr enttäuscht waren, weil er ihre ausdrücklich formulierten Regeln übergangen hatte (das Kaugummi-Verbot war eine Forderung ihres Zahnarztes gewesen). John und Kim wussten, dass Johns Vater leidenschaftlich gern Monopoly spielte. Also würden sie ungefähr Folgendes zu ihm sagen, damit es für ihn verständlicher klänge: „Wir wissen, dass du die Kinder liebst, und sie lieben dich auch sehr. Wir möchten gerne, dass ihr eine gute Beziehung zueinander habt. Deshalb geben wir dir für dieses Mal eine ‚Sie kommen aus dem Gefängnis frei'-Karte. Aber wenn du unseren Kindern noch einmal Kaugummi gibst, dann gibt es die Karte ‚Gehen Sie direkt ins Gefängnis', und du wirst nicht ‚über Los gehen' und auch nicht 1000 Euro einziehen. Alles klar?"

Ich ermutigte sie, dieses Gespräch mit einem Augenzwinkern zu führen. Beide stimmten mit mir darin überein, dass sie die Besuche wie gewohnt fortsetzen würden, wenn Johns Vater auf ihre erneute Bitte einginge. Wenn er hingegen in die Luft gehen und ihnen sagen würde, dass sie ihm nicht vorschreiben dürften, was er mit seinen eigenen Enkelkindern zu tun und zu lassen hätte, dann würden sie zu ihm sagen: „Wenn du dich so entscheidest, dann müssen wir leider dafür sorgen, dass die Kinder nicht mehr zu dir kommen. Wenn du jemals deine Meinung änderst, werden wir ihnen gerne wieder erlauben, Zeit mit dir zu verbringen."

Wir wussten alle: falls das Gespräch dahingehend eskalieren sollte, würde Johns Mutter so lange auf ihren Mann einwirken, bis er bereit wäre, den Kindern kein Kaugummi mehr zu geben. An diesem Punkt könnten dann John und Kim ein neues Gesprächsangebot machen, und vielleicht würde Johns Vater sogar von sich aus anrufen.

Wenn Johns Vater diese aggressive Haltung zeigen würde, wäre das ein Signal dafür, dass er für Kompromisse nicht bereit war. In einem solchen Fall kann es tatsächlich notwendig sein, sich eine Zeit lang zurückzuziehen, bevor wir ein neues Gesprächsangebot machen. Vielleicht würde Johns Vater aber auch Folgendes vorschlagen: „Können wir bitte zwei Ausnahmen festlegen? Zum Geburtstag darf ich ihnen Kaugummi schenken, und zweitens könnte ich ihnen ja ab und zu mal einen Keks statt eines Kaugummis geben." Das signalisiert dann seine Bereitschaft, Kompromisse einzugehen, und darauf könnten John und Kim antworten: „Kaugummi einmal im Jahr zum Geburtstag – ist okay. Und Kekse sollte es nur als Nachtisch nach dem Essen geben, nicht zwischen den Mahlzeiten."

Johns Vater kann nun ihren Gegenvorschlag akzeptieren oder einen weiteren Kompromissvorschlag machen, bis es schließlich zu einer Einigung kommt. Das ist unser Ziel, wenn wir miteinander ins Gespräch kommen: wir wollen zu einer Einigung gelangen. Kommen wir nun zum zweiten Schritt in diesem Prozess.

Seien Sie offen für andere Ideen

Der erste Schritt zu einem Kompromiss ist das Gesprächsangebot. Der zweite Schritt ist es, den Gegenvorschlägen sorgfältig zuzuhören. Erinnern Sie sich daran: Kompromissfindung hat damit zu tun, dass zwei Personen versuchen, einander zu verstehen und ein Ergebnis zu erreichen, mit dem beide Seiten zufrieden sind. Wir sind alle unterschiedlich, deshalb haben wir auch unterschiedliche Vorstellungen. Ein Vorschlag öffnet die Tür für einen Dialog. Ich höre Ihrem Vorschlag genau zu. Dann stelle ich meine eigenen Gedanken und Gefühle dar und schlage vielleicht eine Variante Ihres Vorschlags vor. Sie haben die Gelegenheit, meinen Gegenvorschlag zu hören und vielleicht wieder einen neuen Gegenvorschlag zu machen. Der Prozess des Zuhörens, Verstehens und der Kompromissfindung ist der Prozess des Verhandelns, der Vermittlung.

Menschen, die gut vermitteln können, sind Menschen, die es gelernt haben, die Vorschläge und Ideen ihres Gegenübers zu respektieren, auch wenn sie anderer Meinung sind. Wir hören zu, weil wir den anderen als Individuum achten und seine Gefühle und Gedanken verstehen wollen. Wenn Sie merken, dass das noch nicht der Fall ist, dann stellen Sie unter allen Umständen klärende Rückfragen!

Zum Beispiel könnte Johns Vater fragen: „Möchtest du nicht, dass die Kinder Kaugummi kauen, weil der Zucker schlecht für ihre Zähne ist?" Daraufhin könnten John und Kim antworten: „Ja, es geht uns wirklich nur um ihre Zähne. Unser Zahnarzt hat verboten, dass die Kinder Kaugummi kauen, weil ihre Zähne gerade in einem kritischen Entwicklungsstadium sind." Wenn Johns Vater bereit ist, klärende Fragen zu stellen, kann er die Situation besser verstehen.

Sobald wir einen Vorschlag machen, sollten wir auch mit einem Gegenvorschlag rechnen. Keinesfalls dürfen wir mit dem Vorsatz in ein vermittelndes Gespräch gehen: „Entweder machen wir es auf meine Weise oder gar nicht." Wir sollten vielmehr die Einstellung haben: „Hier ist ein Vorschlag zu einem Kompromiss – was meinst du dazu?" Wir wollen offen sein, um andere Gedanken und Ideen anzuhören. Nur die Offenheit für Alternativvorschläge ermöglicht es uns, Kompromisse zu erreichen.

Wenn wir unnachgiebig auf unseren Vorschlägen beharren und nicht bereit sind, über andere Lösungsvorschläge nachzudenken, verhindern wir den Prozess der Kompromissfindung. Denken Sie daran, dass es Gründe dafür gibt, warum Ihre Schwiegereltern einen anderen Vorschlag machen. Wenn Ihnen das nicht nachvollziehbar erscheint, dann stellen Sie weitere Fragen, damit Ihre Schwiegereltern Ihnen erläutern können, warum sie von ihrem Vorschlag überzeugt sind.

Kompromissfindung ist ein Prozess von Vorschlägen und Gegenvorschlägen, bei dem alle Gesprächsparteien bemüht sind, eine Lösung zu finden, der alle zustimmen können. Wenn Sie bereit sind, in diesen Gesprächsprozess einzutreten, dann werden Sie sicherlich eine gute Lösung finden.

Suchen Sie nach einer Lösung, von der alle Seiten profitieren

Der dritte Schritt bei der Suche nach einem Kompromiss ist es, sich auf eine Lösung zu verständigen, die sich beide Seiten vorstellen können. Es muss nicht das sein, was einer von Ihnen zu Beginn des Gesprächsprozesses als Vorschlag eingebracht hat, doch es sollte eine Lösung sein, die den Bedenken von beiden Seiten Rechnung trägt. Sie beide sollten mit dem Gefühl aus dem Gespräch herausgehen, dass sich Ihre Beziehung in eine positive Richtung entwickelt hat. Das ist es, was ich an solchen „Verhandlungsgesprächen“ mag. Sie enden im besten Fall damit, dass wir uns gemeinsam in eine gute Richtung bewegen. Das ist sehr wichtig für die Beziehungen innerhalb der Verwandtschaft.

Betsy und Bill waren ziemlich wütend auf Betsys Mutter Joyce. Joyce hatte sie darüber in Kenntnis gesetzt, dass sie ihre Enkel in der zweiten Juniwoche zu einem Strandurlaub mitnehmen würde. Das sagte sie ihnen bereits im Januar, sodass bis dahin noch genügend Zeit blieb. Das Problem war nur, dass Bill und Betsy ihre Kinder bereits für das Ferienlager ihrer Gemeinde angemeldet hatten, das in genau derselben Woche stattfinden sollte.

Joyce war schockiert und ärgerlich, dass sie diese Entscheidung getroffen hatten, ohne mit ihr darüber zu reden. „Ich hatte euch doch schon gesagt, dass ich die Kinder in diesem Jahr zu einem Urlaub am Strand einladen will. Warum habt ihr das nicht mit mir besprochen, bevor ihr sie für das Ferienlager angemeldet habt?“, fragte sie.

Betsy antwortete: „Mama, das Ferienlager findet nur in einer Woche statt. Sie können entweder in genau dieser Woche dorthin gehen oder eben nicht. Und wir wollten unbedingt, dass sie in diesem Jahr am Ferienlager teilnehmen. Wir sind davon ausgegangen, dass du sie ja auch in jeder anderen Woche zum Strand mitnehmen kannst.“

„Natürlich könnte ich das, aber ich habe schon die Ferienwohnung am Strand gebucht und weiß nicht, ob ich bei einer Stornierung mein Geld zurückbekomme.“

„Dann hättest du besser vorher mit uns reden sollen, bevor du die Wohnung gemietet hast", sagte Betsy verärgert. „Wir haben da wohl beide nicht richtig miteinander kommuniziert."

Beide Seiten hatten in bester Absicht gehandelt. Beide wollten den Kindern etwas Gutes tun. Diese Krise entstand nur deshalb, weil sie zu wenig miteinander geredet haben.

Solche und ähnliche Situationen entstehen regelmäßig in Beziehungen innerhalb der Familie. Sie schreien geradezu nach einer Streitschlichtung. Dazu muss jedoch einer den Anfang machen und einen Gesprächsprozess in Gang setzen. In diesem Fall machte Betsys Mutter den ersten Vorschlag: „Was wäre, wenn ich mit den Vermietern spreche und nachfrage, ob ich dieselbe Wohnung in einer anderen Woche mieten kann?"

„Das klingt schon mal nach einem guten Plan", erwiderte Betsy. „Wir möchten gerne, dass die Kinder eine Woche mit dir am Strand verbringen können. Ich weiß, dass sie sich sehr darüber freuen würden!"

Drei Tage später kam Betsys Mutter wieder. „Sie könnten es möglich machen, dass ich die Wohnung in einer anderen Woche miete, doch es kostet 75 Dollar Umbuchungsgebühr. Ich habe versucht, sie umzustimmen, doch sie sagten, dass die Vertragsbedingungen nun mal so sind. Ich mag es nicht, das Geld auf diese Weise zu verschwenden. Hast du in der Gemeinde noch einmal nachgefragt, ob das Ferienlager wirklich in genau dieser Woche stattfindet? Sie werden doch das Datum nicht ändern, oder?"

„Ich habe nachgefragt“, erklärte Betsy. „Sie haben schon alles gemietet. Es ist die gleiche Woche, in der sie immer das Ferienlager machen, und das wird sich in diesem Jahr auch nicht ändern.“ Dann machte Betsy einen Vorschlag. „Bill und ich könnten die Umbuchungsgebühr übernehmen. Das wäre nur ein kleiner Beitrag von uns für das Vorrecht, dass die Kinder eine ganze Woche mit dir am Strand verbringen können. Es würde uns nichts ausmachen. Ich weiß, dass du schon eine große finanzielle Belastung auf dich nimmst, wenn du die Miete für die Ferienwohnung zahlst. Das ist das Mindeste, was wir tun können.“

Betsys Mutter erwiderte: „Ich weiß nicht, ich fühle mich auch nicht wohl dabei, wenn ihr euer Geld verschwenden müsst.“

„Ich sehe es nicht als Geldverschwendung, Mama. Das ist für mich der Preis, den ich zahle, weil wir nicht miteinander gesprochen haben, bevor wir unsere Entscheidungen trafen. Sieh es einfach als eine 75-Dollar-Investition in eine neue Lernerfahrung: Wir wissen nun beide, wie wichtig es ist, miteinander zu reden, bevor man Entscheidungen trifft.“ Joyce stimmte endlich zu und das Problem war aus der Welt geschafft. Beide beendeten das Gespräch mit einem guten Gefühl.

Wenn beide Seiten als Gewinner aus dem Gespräch hervorgehen, dann wissen wir, dass die Kompromissfindung erfolgreich war. Wenn einer von beiden mit einem unguten Gefühl zurückbleibt, ist das ein Zeichen, dass wir weiter über eine Lösung verhandeln sollten. Unser Ziel sollte es dabei immer sein, eine Lösung zu finden, von der beide Seiten profitieren können.

Rufen Sie sich noch einmal die Überschrift dieses Kapitels ins Gedächtnis: „Versuchen Sie, im Gespräch zu bleiben." Natürlich gibt es durchaus Schwiegereltern, die sich einem Gespräch verweigern. Solche Menschen haben eine unnachgiebige Persönlichkeit. Wenn Sie nicht die gleiche Meinung vertreten wie diese Menschen, dann haben Sie wirklich ein Problem.

Dennoch, selbst bei solchen Gesprächspartnern möchte ich Sie ermutigen, nach einem Kompromiss zu suchen. Machen Sie einen Vorschlag. Wer weiß? Vielleicht werden sie Ihrem Vorschlag ja zustimmen! Wenn das so ist, ist das Problem gelöst. Doch möglicherweise sind sie nicht bereit, sich auch nur einen Millimeter zu bewegen.

Wenn Sie der Meinung Ihrer Gesprächspartner zustimmen können, ist das gut. Wenn nicht, müssen Sie für sich eine Entscheidung treffen: Wollen Sie sich zurückziehen und damit signalisieren, dass Ihre Beziehung gescheitert ist? Oder wollen Sie um des lieben Friedens willen einen Vorschlag akzeptieren, den Sie eigentlich nicht gutheißen? Sie müssen entscheiden, ob Ihnen das Streitthema so wichtig ist, dass Sie dafür einen Bruch der Beziehung riskieren wollen. Mit manchen Dingen können wir leben, auch wenn wir sie nicht gut finden. Andere Dinge sind dafür zu wichtig. Nicht alle Beziehungen zu Ihrer angeheirateten Familie können wiederhergestellt werden, doch es ist immer die Mühe wert, wenigstens zu versuchen, einen Kompromiss zu finden.

Vom Prinzip zur Praxis

1. Gibt es ein Mitglied in Ihrer angeheirateten Familie, dem Sie dringend ein Gesprächsangebot machen sollten? Wenn ja, warum brechen Sie nicht das Schweigen und machen Sie einen Vorschlag? Gehen Sie den ersten Schritt, um einen Kompromiss zu finden.

2. Hat ein anderer Ihnen ein Gesprächsangebot gemacht? Können Sie es akzeptieren oder möchten Sie einen Gegenvorschlag machen?

3. Sind Sie bereit, den Vorschlägen Ihrer Familie zuzuhören, oder haben Sie die Einstellung: „Entweder machen wir es auf meine Weise oder gar nicht"?

4. Kompromissfindung bedeutet, über ein Thema in der Absicht zu diskutieren, für alle Parteien eine befriedigende Lösung zu finden. Bitten Sie Gott darum, dass er Ihnen hilft, die Kunst der Verhandlung und Kompromissfindung zu lernen.

5. Sprechen Sie Bitten aus, keine Forderungen

In den letzten Jahren haben wir immer häufiger etwas über „die Rechte der Großeltern" gehört. Ich erinnere mich an eine Großmutter, die zu mir sagte: „Unsere Tochter lässt uns nicht unsere Enkelkinder besuchen. Wir denken daran, sie zu verklagen. Es ist einfach nicht richtig, dass sie die Enkel von uns fernhält."

„Welche Gründe gibt Ihre Tochter dafür an?", fragte ich.

„Meine Tochter und ihr Mann sagen, dass es daran liegt, dass wir Bier und Likör im Haus haben. Mein Mann George ist Alkoholiker. Sie sagen, dass sie nicht wollen, dass ihre Kinder auch alkoholabhängig werden. Doch das ist absurd. George ist seit mehr als zwanzig Jahren Alkoholiker. Ich selbst rühre keinen Tropfen Alkohol an, obwohl ich seit vielen Jahren mit ihm lebe. Mit einem Alkoholiker unter dem gleichen Dach zu sein macht niemanden automatisch zum Alkoholabhängigen."

„Seit wann verbieten Ihre Tochter und ihr Mann Ihnen den Umgang mit den Kindern?", wollte ich wissen.

„Seit dem letzten Weihnachtsfest", sagte sie. „Seit ungefähr neun Monaten."

„Ist letztes Weihnachten etwas passiert, das ihre Entscheidung beeinflusst haben könnte?", fragte ich weiter.

„Nun ja, an einem Abend hatte George ein Gläschen zu viel getrunken. Er war angeheitert. Er goss ein wenig Bier in Gläser und sagte zu den Kindern: ‚Lasst uns dem Weihnachtsmann zuprosten.' Die Kinder machten mit, tranken das Bier und mussten dann würgen. Meine Tochter und mein Schwiegersohn kamen in die Küche, um herauszufinden, was vor sich ging. Als sie begriffen, was mein Mann getan hatte, packten sie auf der Stelle ihre Kinder ins Auto und sagten uns, dass sie nie wiederkommen würden. Mein Mann beschimpfte sie, als sie gingen, und sagte ihnen, wie dumm sie wären. Ich weiß, dass sich George falsch verhalten hat, aber wie sie reagieren, ist ebenfalls nicht in Ordnung. Auch Großeltern haben Rechte. Ich habe meiner Tochter und meinem Schwiegersohn versichert, dass ich höchstpersönlich jede Flasche mit Alkohol in die Garage verbannen würde und dafür sorge, dass mein Mann nicht trinkt, solange die Kinder bei uns sind. Doch das reicht ihnen nicht. Ich weiß nicht mehr, was ich noch tun soll. Deshalb denke ich darüber nach, sie zu verklagen."

„Das können Sie natürlich tun", sagte ich. „Doch was ist, wenn Sie mit Ihrer Klage Recht bekommen und Ihre Tochter und Ihr Schwiegersohn gezwungen werden, Ihnen den Kontakt mit den Enkelkindern zu erlauben? Wie befriedigend wäre das?"

„Ich weiß, was Sie damit sagen wollen", sagte sie. „Das ist nicht wirklich das, was ich möchte. Ich möchte nur eine gute Beziehung zu meiner Tochter, meinem Schwiegersohn und den Enkeln haben. Und ich weiß nicht mehr, was ich noch tun soll."

„Wie ernst ist denn das Alkoholproblem Ihres Mannes?", fragte ich.

„Er hat seit zwanzig Jahren an unzähligen Therapieprogrammen teilgenommen", sagte sie. „Es läuft eine Weile gut, doch wenn er wieder einmal schwach wird, dann trinkt er so viel, dass er einen Monat lang keinen klaren Kopf mehr hat. Es war schwierig für ihn, seine Arbeit zu behalten. Es ist wirklich hart, mit ihm verheiratet zu sein, doch ich liebe ihn und hoffe immer noch, dass es besser wird. Ich weiß, dass er ebenfalls traurig ist, dass wir unsere Enkel nicht sehen. Wir haben auch schon öfter darüber gesprochen."

Als Seelsorger war ich zutiefst berührt von dem Schmerz, den ich in ihrem Gesicht sah. Ich sagte: „Manchmal ist es so, dass Alkoholiker höchstmotiviert sind, mit dem Trinken aufzuhören, wenn sie in Gefahr stehen, etwas für sie Wertvolles zu verlieren. Könnten Sie sich vorstellen, dass George bereit wäre, mit mir darüber zu reden?"

„Vielleicht, wenn er glaubt, dass das in dieser Situation helfen kann", sagte sie.

„Dann sagen Sie ihm bitte, dass ich ihn sehr gerne treffen würde, und dass ich ein paar Ideen habe, die Ihnen beiden in dieser Situation helfen könnten."

In den nächsten Wochen gelang es mir, ihren Ehemann dazu zu bewegen, an einem christlichen Therapieprogramm teilzunehmen. Ich versicherte ihm, dass Gott ihm die Kraft geben würde, dem Alkohol zu widerstehen, und dass dieser Schritt entscheidend zur Verbesserung der Beziehung mit seiner Tochter, seinem Schwiegersohn und den Enkelkindern beitragen würde. Nachdem er mit dem Therapieprogramm begonnen und sich einer Gruppe Christen angeschlossen hatte, die ihn dabei unterstützten, begann ich mit George darüber zu reden, wie wichtig eine Entschuldigung bei seiner Tochter und seinem Schwiegersohn für sein Verhalten am vergangenen Weihnachtsfest wäre.

Ich erklärte ihm, dass eine Entschuldigung nur dann ernst genommen wird, wenn sie aufrichtiges Bedauern über unser Verhalten ausdrückt. „Sich zu entschuldigen bedeutet, dass Sie Verantwortung für Ihr Verhalten übernehmen, zugeben, dass es falsch war, und um Vergebung bitten. Eine Entschuldigung ist keine Aufforderung zur Vergebung", erläuterte ich. „Es ist eine Bitte um Vergebung. Ihre Tochter und Ihr Schwiegersohn sind vielleicht noch nicht bereit, Ihnen zu vergeben, doch Ihre Bitte darum wird der erste Schritt in einem Prozess sein."

Gemeinsam formulierten wir sorgfältig eine schriftliche Entschuldigung, der George aus ganzem Herzen zustimmen konnte. Ich fragte, ob er mir gestatten würde, seine Tochter und den Schwiegersohn anzurufen und sie in mein Büro einzuladen, damit wir gemeinsam mit ihnen darüber sprechen konnten, was in seinem Leben gerade geschah. Er stimmte zu, und auch seine Tochter und sein Schwiegersohn nahmen die Einladung an.

Bei diesem Gespräch erklärte ich dem jungen Ehepaar, wie ich versuchte, ihrem Vater bei der Lösung seines Alkoholproblems zu helfen. Ich sagte ihnen, dass mir bewusst war, wie oft er in den vergangenen Jahren vergeblich versucht hatte, mit dem Trinken aufzuhören, doch dass er jetzt wirklich sein Vertrauen auf Gott setzte und es schaffen würde. Dann gab ich George die Gelegenheit, etwas zu sagen.

Ich wurde Zeuge, wie er nicht nur die Entschuldigung vorlas, die wir geschrieben hatten, sondern unter Tränen sein Herz ausschüttete. Er entschuldigte sich für sein Verhalten während der Kindheit seiner Tochter und gab zu, dass sie während ihrer Schulzeit oft Grund genug hatte, sich für ihn zu schämen. Er bedauerte zutiefst, dass er ihr nicht der Vater gewesen war, den sie verdient gehabt hätte, und gestand, dass sein Verhalten am vergangenen Weihnachtsfest das Schlimmste war, was er ihr jemals angetan hatte. Er erzählte ihr, wie oft er in Gedanken diese Szene durchgegangen sei und wie schlecht er sich dabei gefühlt hatte.

„Ich weiß, dass ich keine Vergebung verdiene“, sagte er, „doch ich bitte euch darum. Ich bitte euch nicht, dass ihr mir erlaubt, die Kinder zu sehen, obwohl ich mich auch sehr gerne bei ihnen entschuldigen würde. Ich freue mich auf mein erstes Weihnachtsfest nach zwanzig Jahren, das ich wieder in nüchternem Zustand erleben kann. Ich weiß, dass ihr nicht dabei sein werdet, obwohl ich es mir wünschte. Ich möchte die Gelegenheit haben, die Zukunft anders zu gestalten. Und ich wäre gern ein Vater und Großvater, dem ihr vertrauen könnt. Ich liebe euch so sehr und es tut mir so unendlich leid, dass ich euch durch mein Verhalten verletzt habe."

Seine Tochter zeigte keinerlei Gefühlsregung. Ich nahm an, dass sie in der Vergangenheit schon viele Entschuldigungen gehört, aber nie eine Veränderung wahrgenommen hatte. Meine Vermutung war, dass sie gerade abschätzte, ob ihr Vater es diesmal ernst meinte und welche Dinge sich in Zukunft wirklich ändern würden.

Endlich sagte sie zu ihm: „Papa, ich möchte dir gerne vergeben. Doch es wird vermutlich einige Zeit dauern. Dein Verhalten hat mich zu tief verletzt. Ich möchte gerne glauben, dass das, was du sagst, die Wahrheit ist. Das wird sich in den nächsten Monaten herausstellen. Ich hoffe, du verstehst mich: Ich möchte dir vergeben, doch es wird einige Zeit dauern."

„Das verstehe ich", erwiderte ihr Vater. „Ich schätze es sehr, dass ihr euch heute mit mir getroffen habt, weil ich mich unbedingt bei euch entschuldigen wollte."

Das Gespräch endete. Ich bot dem jungen Paar meine Dienste an, falls sie irgendwann einmal mit mir reden wollten. Und ich sagte George, dass wir uns in der nächsten Woche wiedersehen sollten.

Ich traf das junge Paar nie wieder, doch George und seine Frau informierten mich, dass ihre Tochter ihrem Vater innerhalb eines Monats die Möglichkeit gegeben hatte, sich bei den Kindern zu entschuldigen, und dass die Kinder ihm sofort vergeben hätten. Das ermutigte die Tochter, ihrem Vater ebenfalls zu vergeben. Als Weihnachten näher rückte, hatte sich die Tochter noch nicht dazu geäußert, ob sie die Kinder vorbeibringen würde. Doch eine Woche vor Weihnachten fragten die Kinder, ob sie ihre Großeltern an Weihnachten besuchen dürften, und sie stimmte zu.

Zuerst war es ein wenig seltsam, weil die Kinder seit einem Jahr nicht mehr im Haus ihrer Großeltern gewesen waren. Doch bevor der Abend vorüber war, erfüllte Fröhlichkeit und lautes Lachen das Haus.

Als die Kinder gehen wollten, sagte George: „Ich möchte jedem von euch danken, dass ihr hergekommen seid. Das war das schönste Weihnachtsfest in meinem ganzen Leben. Es war für uns alle ein hartes Jahr, doch es war auch ein Jahr mit unglaublichen Veränderungen in meinem Leben. Ich möchte so gerne ein Großvater sein, der euch Kindern würdig ist. Und ich hoffe, dass ihr jeden Tag für mich betet, denn ich bete auch für euch."

Als George und seine Frau mir von ihrem Weihnachtsfest erzählten, wusste ich, dass jener Abend den Beginn einer neuen, tiefen Beziehung darstellte. Passenderweise geht es ja auch an Weihnachten um genau das, die Heilung von zerstörten Beziehungen.

Ich erzähle Ihnen diese Geschichte, weil sie deutlich zeigt, dass positive Beziehungen in der Familie nicht auf Forderungen, sondern auf Bitten aufgebaut werden. Hätten die Großeltern versucht, ihre „Rechte" gerichtlich durchzusetzen, und so ihre Tochter und ihren Schwiegersohn gezwungen, den Kindern den Kontakt zu gestatten, dann hätte das sicherlich zu einer lebenslangen Entfremdung geführt. Doch weil sie bereit waren, ihre Schuld einzugestehen, Verantwortung für ihren Anteil an der zerbrochenen Beziehung zu übernehmen und Veränderungen in Angriff zu nehmen; weil sie ehrlich und offen mit dem Problem umgingen und dann um Vergebung baten, fanden sie die Heilung, die sie suchten. Eine gute Beziehung zu unseren Familien kann nicht auf der Einforderung von Rechten aufgebaut werden. Die Bibel sagt: „Liebe ist weder verletzend noch auf sich selbst bedacht, weder reizbar noch nachtragend." (1. Korinther 13,5)

Diese Wahrheit zeigt sich im Leben von Jesus. Die Bibel berichtet davon, was geschah, nachdem Jesus einige wirklich schwierige Dinge erklärt hatte: „Nach dieser Rede wandten sich viele von Jesus ab und gingen nicht mehr mit ihm. Da fragte Jesus auch seine zwölf Jünger: ‚Wollt ihr auch weggehen und mich verlassen?' – ‚Herr, zu wem sollen wir denn gehen?', antwortete Simon Petrus. ‚Nur deine Worte bringen ewiges Leben. Wir glauben und haben erkannt, dass du Christus, der Sohn Gottes, bist.'" (Johannes 6, 66-69)

Offensichtlich stellte Jesus nicht die Forderung an seine zwölf Jünger, dass sie weiterhin zu ihm hielten. Er hatte sie am Anfang eingeladen, ihm nachzufolgen. Jetzt gab er ihnen die Freiheit, auch wieder wegzugehen. Wir wissen, dass einer der Zwölf tatsächlich letzten Endes weggegangen ist. Doch in dieser Situation sprach Petrus den anderen aus dem Herzen, wenn er sagt: „Nur deine Worte bringen ewiges Leben." Sie folgten Jesus nach, weil sie überzeugt waren, dass er „Christus, der Sohn Gottes" war.

Die Beziehungen zu unserer angeheirateten Familie müssen diesem Prinzip folgen. Wir können unsere Schwiegereltern nicht zu irgendetwas zwingen, von dem wir überzeugt sind, dass es „das Richtige" ist. Wir könnten und sollten sie um etwas *bitten*. Wenn wir Wünsche haben, sollten wir diese Wünsche aussprechen. Wenn Sie sich z. B. wünschen, dass Ihre Schwiegereltern häufiger zu Besuch kommen, sollten Sie sie öfter einladen. Wenn Sie sich wünschen, dass sie seltener kommen, dann bitten Sie sie, dass sie nur zu den Gelegenheiten kommen, wenn Sie genug Zeit für sie haben. Wir dürfen von unseren Schwiegereltern nicht erwarten, dass sie unsere Gedanken lesen können. Es gehört zu jeder guten Beziehung dazu, eine Bitte auszusprechen.

Jesus lehrte uns, dass dieses Prinzip des Bittens auch in unserer Beziehung zu Gott angewandt werden sollte. Er sagte: „Bittet Gott und er wird euch geben. … Denn wer bittet, der wird bekommen." Dann illustrierte er seine Aussage mit einem Vergleich aus einer menschlichen Beziehung. „Wenn ein Kind seinen Vater um ein Stück Brot bittet, wird er ihm dann einen Stein geben? Wenn es um einen Fisch bittet, wird er ihm etwa eine giftige Schlange anbieten? Wenn schon ihr hartherzigen, sündigen Menschen euern Kindern Gutes gebt, wie viel mehr wird euer

Vater im Himmel denen gute Gaben schenken, die ihn darum bitten!" (Matthäus 7,7-11)

Bedeutet das jetzt, dass Gott uns immer genau das gibt, worum wir ihn bitten? Die offensichtliche Antwort lautet *Nein*. Er liebt uns zu sehr, um uns Dinge zu geben, von denen er weiß, dass sie uns nicht guttun. Doch unser himmlischer Vater gibt uns großzügig gute Gaben als Antwort auf unsere Bitten.

Werden Ihre Schwiegereltern Ihnen auf Ihre Bitte hin immer genau das geben, was Sie sich wünschen? Vermutlich nicht. Auch wird ihre Antwort nicht immer von Liebe motiviert sein. Wir Menschen haben alle die Tendenz, egoistisch zu denken und zu handeln. Häufig reagieren wir auf die Bitte eines anderen auf sehr selbstsüchtige Weise. Dennoch ist es für eine gute Beziehung zu Ihren Schwiegereltern sehr wichtig, dass Sie Bitten formulieren.

Ben, der gerade seinen Angelschein gemacht hatte, bat seinen Schwiegervater, ob er ihm einiges von seiner Angelausrüstung ausleihen würde. Sein Schwiegervater antwortete: „Ich kann dir diese Ausrüstung nicht leihen, doch ich gebe dir gerne meine alte." Ben konnte keinen Unterschied zwischen den beiden Ausrüstungen erkennen. Doch sein Schwiegervater wollte nicht riskieren, dass seine Ausrüstung im Wert von 600 Dollar in den Händen eines unerfahrenen Anglers beschädigt würde.

Wenn Ben sich über seinen Schwiegervater geärgert hätte, weil er ihm nicht genau das gab, um was er ihn gebeten hatte, wäre ihre Beziehung beschädigt worden. Stattdessen freute sich Ben über das Angebot seines Schwiegervaters und verbrachte einen entspannten Tag beim Angeln. Wir alle tragen Verantwortung für unseren Besitz. Die einen entscheiden sich, etwas zu verleihen; die anderen, es nicht zu verleihen. Die einen geben, die anderen nicht. Der kluge Schwiegersohn regt sich nicht darüber auf, dass eine bestimmte Bitte nicht exakt erfüllt wird, sondern freut sich darüber, wenn einer Bitte entsprochen und ein Alternativangebot gemacht wird.

Es geschieht häufig, dass sich die Beziehungen innerhalb der Familie verbessern, wenn eine Bitte ausgesprochen wird. Brittany fragte ihre Schwiegermutter Margie, ob sie ihr das Stricken beibringen könnte. Margie antwortete: „Ich kann es nicht glauben, dass ein Mädchen deiner Generation noch stricken lernen will. Doch wenn du es wirklich möchtest, bringe ich es dir sehr gerne bei."

Brittany versicherte, dass sie ihre Frage ernst gemeint hatte. Im Lauf der nächsten Monate lernte Brittany nicht nur zu stricken, sondern sie und ihre Schwiegermutter entwickelten eine tiefe Beziehung, als eine besondere Fähigkeit von einer Generation zur nächsten weitergegeben wurde. Bei ihren Teepausen erfuhr Brittany viel über ihre Schwiegermutter, unter anderem die Tatsache, dass es ebenfalls Margies Schwiegermutter gewesen war, die ihr das Stricken beigebracht hatte. Ohne es zu wissen, hatte Brittany eine Familientradition weitergeführt.

Nach einiger Zeit erzählte die gesellige und stets

fröhliche Margie Brittany von einigen gesundheitlichen Problemen, die sie in den letzten Jahren gehabt hatte. Als man etwas später bei Margie Brustkrebs diagnostizierte, war es ihre Schwiegertochter Brittany, der sie es als Erste erzählte. Brittany war es auch, die Margie eine große emotionale Stütze während der Monate der Chemotherapie und Rehabilitation sein konnte. Und das alles hatte mit einer einfachen Frage begonnen: „Würdest du mir das Stricken beibringen?"

Die Bibel sagt: „Geben macht glücklicher als Nehmen." (Apostelgeschichte 20,35) Wenn Sie Ihre Schwiegereltern um etwas bitten, dann geben Sie ihnen eine Möglichkeit, das zu erleben. Indem sie auf Ihre Bitte eingehen, finden sie sogar größere Freude als Sie, die Beschenkten selbst.

Geben und Nehmen sind ein Teil des normalen Beziehungskreislaufes. Von Zeit zu Zeit haben wir alle einen Wunsch oder ein Bedürfnis, das ein anderer erfüllen kann. Wenn wir diese Wünsche in Form einer Bitte formulieren und unser Gegenüber sich entschließt, positiv darauf zu reagieren, dann entwickeln wir eine Beziehung, die im Lauf der Jahre immer tiefer wird. Im Gegensatz dazu beschädigen wir eine Beziehung, wenn wir von unserer Familie etwas einfordern; wenn wir ihnen sagen, was sie zu tun haben; wenn wir ihnen Schuldgefühle vermitteln, weil sie nicht das tun, was wir von ihnen verlangen. Gute Beziehungen werden von Bitten und Geben geprägt, nicht von Forderungen.

Vom Prinzip zur Praxis

1. Welche Forderungen haben Ihre Schwiegereltern an Sie gestellt? Wie haben Sie reagiert?

2. Welche Forderungen haben Sie gegenüber Ihren Schwiegereltern geäußert? Wie haben sie reagiert?

3. Worum würden Sie Ihre Schwiegereltern gerne bitten? Sie könnten Ihre Bitte äußern, wenn Sie Ihren Schwiegereltern gegenüber Ihre Anerkennung für etwas ausgesprochen haben, das Sie an ihnen bewundern.

4. Welche Bitten haben Ihre Schwiegereltern an Sie gerichtet? Denken Sie daran, dass Sie liebevoll auf eine Bitte reagieren, die Ihre Schwiegereltern ausgesprochen haben.

6. Das Geschenk der Freiheit

Das größte Geschenk, das Eltern ihren verheirateten Kindern machen können, ist das Geschenk der Freiheit. In der Einleitung des Buches haben wir bereits über die enorme Herausforderung für junge Paare nachgedacht, die ihre Eltern verlassen müssen, um gemeinsam zu einer neuen Familie zu werden und ihnen dennoch weiterhin Achtung und Liebe entgegenzubringen. Eltern können diesen Prozess erleichtern oder erschweren. Sie können dem jungen Paar die Freiheit geben zu gehen oder sie können sich fortwährend in das Leben der jungen Leute einmischen und die Entwicklung der Unabhängigkeit sehr schwierig machen.

Zwei Persönlichkeitstypen haben vermutlich besonders Schwierigkeiten damit, anderen das Geschenk der Freiheit zu gewähren. Zum einen sind das die Menschen, die andere gerne kontrollieren. Das sind Menschen, die klar strukturiert denken, schnell Schlüsse ziehen und davon ausgehen, dass ihre Vorstellungen stets die richtigen sind. Typischerweise sind es Menschen, die es nur gut meinen, doch sie sind sehr dominierend und drücken jedem ihren Willen auf, der es ihnen gestattet. Sie sehen sich selbst nicht als Kontrollfreak. Sie sind vielmehr der festen Überzeugung, dass sie nur das Beste für die anderen im Blick haben. Solche Persönlichkeitstypen haben meistens große Probleme, ihre Kinder in einer

Ehe loszulassen. Sie tendieren dazu, ihrem Kind, ihrem Schwiegersohn oder ihrer Schwiegertochter weiterhin ihre Vorstellungen aufzuzwingen.

Ein anderer Persönlichkeitstyp hat große Schwierigkeiten damit, loszulassen. Das sind die Menschen, deren Selbstwertgefühl mit dem Erfolg ihrer Kinder verknüpft ist. Sie haben alles getan, was in ihrer Macht steht, um ihre Kinder zum Erfolg zu führen. Sie haben sie auf die besten Schulen geschickt, für jeden finanziellen Bedarf vorgesorgt und sie stets gefördert und ermutigt. Mit jedem Erfolg, der sich in der Erziehung oder im Beruf zeigt, fühlen sich die Mutter und der Vater selber besser. Dieses Verhaltensmuster wird sich nicht von heute auf morgen ändern, wenn das Kind heiratet. Sie werden sich vermutlich weiterhin um alles kümmern und alles in ihrer Macht Stehende tun, um dem jungen Paar zum Erfolg zu verhelfen. Das Problem ist, dass ihre „Hilfe" dabei eher als „Einmischung" verstanden wird und es dem jungen Paar erschwert, ihre eigene Identität zu entwickeln. Die Versuche der Eltern, helfend einzugreifen, führen häufig zu Streit zwischen den Ehepartnern und sind demzufolge eher kontraproduktiv für eine gute, harmonische Ehe.

Kelly und Andy saßen in meinem Büro und klagten über das Verhältnis zu Kellys Mutter. Andy sagte: „Sie hat unsere Wohnung nach ihren Vorstellungen dekoriert. Sie hat die Farben und Stoffe ausgewählt, sie hat über die Gestaltung entschieden und sich einfach um alles gekümmert. Ich habe das Gefühl, als würde ich in der Wohnung eines anderen leben. Es ist schön, aber es ist nicht unser Geschmack. Ich würde viel lieber keine Gardinen haben und sparen, bis wir uns das selbst leisten können. Aber nein, alles sollte von Anfang an perfekt sein. Ich mag es nicht, wie sie unser Leben kontrolliert."

Ich schaute Kelly an und fragte: „Wie fühlen Sie sich bei dem Ganzen?"

„Ich habe wirklich das Gefühl, dass es die Art meiner Mutter ist, wie sie uns ihre Liebe zeigen will. Ich glaube nicht, dass sie uns Probleme machen wollte. Mir gefällt es, wie sie unsere Wohnung gestaltet hat. Ich würde es einfach als ein Geschenk von ihr akzeptieren, doch Andy sieht es ganz anders. Deshalb sind wir hier. Wir haben das Gefühl, dass es uns entzweit. Wenn meine Mutter wüsste, dass wir uns wegen dem streiten, was sie für uns getan hat, wäre sie am Boden zerstört."

Ich erzähle Ihnen diese Geschichte, weil sie verschiedene Aspekte bei kontrollierenden Persönlichkeitstypen aufzeigt. Erstens sehen sich die Kontrollfreaks sehr selten selber so. Sie sind einfach der Meinung, sie würden nur das tun, was gut oder richtig ist. Sie haben große Probleme damit, dass andere Menschen sie als kontrollierende, dominante Persönlichkeit wahrnehmen. Zweitens heiratet ein Mensch mit einem solchen Kontrollbedürfnis häufig jemanden, der einen nachgiebigen Charakter hat. Wenn er oder sie einen Menschen heiraten würde, der ebenfalls ein Kontrollfreak ist, dann wäre das Eheleben ein einziges großes Schlachtfeld. Die nachgiebige Person ist im Großen und Ganzen bereit, das zu akzeptieren, was der Kontrollfreak tut, obwohl es meist irgendwann deswegen zu Problemen in der Ehe kommt.

Meine Vermutung war, dass Andy selbst einen kontrollierenden Charakter besaß. Er wollte lieber selbst darüber bestimmen, wie ihre Wohnung eingerichtet wurde, und er wollte das auch selber bezahlen. Er sah es als seine Verantwortung an und wünschte sich die Freiheit, es auch zu tun. Er nahm das Verhalten seiner Schwiegermutter als Einmischung in seine Ehe wahr.

Kelly dagegen war eine nachgiebige Persönlichkeit. Im Laufe der Jahre hatte sie es gelernt, das kontrollierende Verhalten ihrer Mutter als ihre Art anzusehen, wie sie Kelly ihre Liebe zeigte – was es auch tatsächlich war. Kelly hatte nicht das Bedürfnis, sich in die Entscheidungen einzumischen. Sie war vollkommen zufrieden damit, wenn ihre Mutter die Entscheidungen für sie übernahm. Ehrlich gesagt, machte das ihr Leben recht einfach. Es funktionierte auch wunderbar, solange sie nur mit einem Kontrollfreak zusammenlebte – ihrer Mutter. Jetzt war sie jedoch mit einem anderen Kontrollfreak verheiratet. Das Leben wird sehr kompliziert, wenn zwei Menschen gleichzeitig versuchen, Ihnen zu sagen, was Sie zu tun haben.

An alle Schwiegermütter und Schwiegerväter, die dieses Buch lesen, appelliere ich eindringlich: Lernen Sie die Kunst des Zurücktretens! Ihre verheirateten Kinder verdienen die Freiheit, ihre eigenen Entscheidungen zu treffen. Ich weiß, dass Ihre Bemühungen, ihnen zu helfen, nach bestem Wissen und Gewissen erfolgen. Sie versuchen aufrichtig, Ihre Liebe zu zeigen und Ihren Kindern zu helfen, ein besseres Leben zu haben.

Dennoch erschweren Ihre guten Absichten womöglich das Leben Ihres Sohnes oder Ihrer Tochter. Sie sind vielleicht bereit, Ihre Hilfe anzunehmen, so wie sie es jahrelang getan haben. Doch ihre Ehepartner sind möglicherweise nicht bereit, das zu tun – nicht weil sie etwas gegen Sie haben, sondern weil sie Menschen mit einer eigenständigen Persönlichkeit sind. Menschen mit gleichen Persönlichkeitsstrukturen heiraten einander nur selten. Es ist sehr unwahrscheinlich, dass ein nachgiebiges Kind einen ebenfalls nachgiebigen Ehepartner findet.

Was sollten Schwiegereltern also tun, wenn sie ihren verheirateten Kindern wirklich helfen wollen? Erzählen Sie ihnen, was Sie vorhaben, und fragen Sie Ihre Kinder, ob das für sie hilfreich wäre (formulieren Sie es als Bitte, nicht als Aufforderung). Versichern Sie ihnen, dass Sie es selbstverständlich verstehen, wenn Ihre Kinder Ihren Vorschlag als nicht hilfreich empfinden. Dann geben Sie ihnen genügend Zeit, um über das Thema zu diskutieren, und halten sich mit Ihren eigenen Antworten zurück. Wenn sie Ihr Angebot annehmen, können Sie Ihr Vorhaben ausführen. Wenn nicht, sollten Sie Ihre Vorschläge zurückhalten und Ihren Kindern das Geschenk der Freiheit machen.

Das Geschenk der Freiheit ist ein viel wertvolleres Geschenk als etwa, den Kindern eine Wohnung einzurichten. Wenn Sie dem jungen Paar nicht die Freiheit geben, eigene Entscheidungen zu treffen, sondern darauf bestehen, dass Sie alles für die beiden regeln, dann sind Sie bereits auf dem besten Wege, Verärgerung im Herzen Ihres Schwiegersohns oder Ihrer Schwiegertochter zu säen. Darüber hinaus verursachen Sie unnötigen Streit zwischen Ihrem Kind und seinem Ehepartner.

Im Folgenden finden Sie weitere Vorschläge für Schwiegermütter und Schwiegerväter, die den tiefen Wunsch haben, ihren verheirateten Kindern auf die richtige Art und Weise zu helfen.

Machen Sie das Paar nicht von sich abhängig

In der Ehe geht es um Unabhängigkeit, nicht um Abhängigkeit. Für die ersten zwanzig Jahre ihres Lebens oder sogar noch länger waren Ihre Kinder von Ihnen abhängig. Während der Schul- und eventuell auch der Studienzeit waren Sie es, die mit Ihrer Unterstützung halfen, dass Ihre Kinder ihr Ausbildungsziel erreichten. Dennoch kommt spätestens mit einer Hochzeit ein Vorzeichenwechsel. Jetzt ist ein erwachsenes, verheiratetes Kind nicht länger von Ihnen abhängig. Das junge Ehepaar muss seinen eigenen Platz im Leben finden. Die beiden müssen lernen, als Team zusammenzuarbeiten, um ihre Bedürfnisse selbst zu erfüllen. Dieses Unabhängigkeitsbestreben sollten Sie fördern, nicht sabotieren.

Lassen Sie mich diesen Punkt anhand eines negativen und eines positiven Beispiels erklären. Bill und Alice waren ein ziemlich erfolgreiches Ehepaar aus dem Mittelstand. Sie sorgten dafür, dass ihr Sohn Ken studieren konnte. Als Ken kurz nach dem Studienabschluss heiratete, stellten sie fest, dass das Gehalt, das er als Berufsanfänger verdiente, ihm nicht erlauben würde, in absehbarer Zeit ein Haus zu kaufen. Bill und Alice hielten nichts davon, zur Miete zu wohnen. Das war für sie nichts als Geldverschwendung. Deshalb boten sie an, die Anzahlung für ein Haus zu übernehmen und Ken und seiner jungen Frau 500 Dollar im Monat zu geben, damit sie ihr Darlehen abbezahlen konnten. Die Eltern waren finanziell ohne Probleme in der Lage, das zu übernehmen, und Ken und April waren sehr glücklich über das Angebot. Sie freuten sich, dass sie in einem eigenen Haus leben konnten, während die meisten ihrer Freunde zur Miete wohnten.

Doch nach fünf Jahren starb Bill völlig unerwartet an einem Herzinfarkt. Das erschütterte das Leben beider Familien zutiefst. Als alle Fragen geklärt waren, hatte Alice weiterhin genug Einkommen, um für ihre eigenen Bedürfnisse aufzukommen, doch nicht genug, um weiterhin die monatliche Unterstützung von 500 Dollar an Ken und April zu zahlen.

Innerhalb von zwei Monaten waren Ken und April in einer ernsten finanziellen Krise. Kens Gehalt reichte nicht für ihre monatlichen Verpflichtungen.

Sie hatten mittlerweile zwei kleine Kinder. April wollte unter keinen Umständen arbeiten gehen, was Ken auch unterstützte. Doch sie standen vor der Entscheidung, dass sie entweder aus ihrem Haus in eine kleinere Wohnung umziehen müssten oder dass April zumindest einen Teilzeitjob annahm. April fand auch tatsächlich eine Arbeit, doch in ihr machte sich Groll gegen Ken breit, weil sie die Kinder bei einem Babysitter lassen musste.

Im Rückblick wusste jeder, dass Bill und Alice – die ehrlich bemüht gewesen waren, ihre Hilfe anzubieten – in Wirklichkeit ein großes Problem für Ken und seine Familie geschaffen hatten. Ken und April sagten zu mir: „Wir wünschten, wir hätten wie unsere Freunde auch in einer kleineren Wohnung angefangen und wären mit weniger ausgekommen. Wir beide wären damit glücklicher gewesen und hätten uns nicht mit dem Stress konfrontiert gesehen, den wir jetzt gerade durchleben."

Als positives Beispiel möchte ich von Sam und Audrey erzählen, die einen Weg fanden, ihre Kinder zu unterstützen, ohne sie von ihren Geschenken abhängig zu machen. Ihre Tochter Julie heiratete Mike während ihres Studiums. Mike war ebenfalls noch nicht mit seinem Studium fertig. Sam und Audrey waren damit einverstanden, ihre Tochter während Julies Abschlussjahr an der Universität weiterhin zu unterstützen, während Mikes Eltern das Gleiche für ihren Sohn taten. Nach dem Abschluss gründete Mike seine eigene Firma, während Julie einen Job bei einer Bank annahm.

Mike wusste, dass er in den ersten Jahren mit seiner Firma nicht viel Geld verdienen würde, doch sie waren beide bereit, Opfer zu bringen, während Mike versuchte, die Firma zu etablieren. Sie wohnten in einer winzigen Wohnung in einer etwas verrufenen Wohngegend. Sie fuhren weiterhin die alten Autos, die ihre Eltern ihnen geschenkt hatten, als sie mit dem Studium anfingen. Sie kauften gebrauchte Möbel und lebten sehr sparsam.

Wann immer Sam und Audrey die beiden besuchten, sprachen sie auf dem Heimweg über nichts anderes als über ihren Wunsch, die beiden aus dieser Wohnung heraus in eine angenehme Wohngegend zu bringen. Sie wussten, dass es für sie finanziell kein Problem gewesen wäre. Eines Tages erwähnten sie diesen Vorschlag Mike und Julie gegenüber, doch er stieß nicht auf Gegenliebe. Julie erklärte: „Mama, wir möchten eines Tages eine solche Geschichte erzählen können wie du und Papa. Erinnerst du dich an die erste Wohnung, in der ihr nach eurer Hochzeit gewohnt habt? Ich habe dich immer dafür bewundert, dass du bereit warst, solche Opfer zu bringen, während Papa seinen Militärdienst absolvierte. Und später, als er zurückkam und seine eigene Firma aufbaute, habt ihr auch in bescheidenen Verhältnissen gelebt. Wir wissen, dass ihr uns liebt und uns helfen wollt, doch wir möchten es gerne alleine schaffen."

Audrey und Sam nahmen Julie ernst und äußerten ihre Bewunderung und Anerkennung für die Entscheidung des jungen Paares. Sie sprachen dieses

Thema nicht mehr an. Sie gewährten das Geschenk der Freiheit und bereuten diesen Entschluss niemals. Heute floriert Mikes Firma und er und Julie haben ein wunderschönes Haus und eine Geschichte, die sie ihren eigenen Kindern erzählen können.

Bitte glauben Sie jetzt nicht, dass ich der Meinung bin, dass Sie Ihren verheirateten Kindern niemals Geschenke geben oder finanzielle Unterstützung anbieten sollten. Ich möchte Sie nur davor warnen, dass Sie mit Ihren Geschenken Ihre Kinder derart von sich abhängig machen, dass der Lebensstil Ihrer Kinder mit Ihnen und Ihrer Unterstützung steht und fällt. Wenn der Kühlschrank kaputt geht und Sie ihnen gerne einen neuen Kühlschrank kaufen wollen, dann fragen Sie vorher, ob das hilfreich wäre und ob Ihre Kinder damit einverstanden sind. Wenn sie zustimmen, dann kaufen Sie selbstverständlich den Kühlschrank. Das ist ein einmaliges Geschenk, das in einer unerwarteten Notlage hilft, und wird von Ihren Kindern sicher als Ausdruck Ihrer Liebe wahrgenommen. Ihre Kinder werden dieses Geschenk mit großer Wertschätzung annehmen. Im Gegensatz dazu ermutige ich Sie nicht dazu, dass Sie die monatliche Ratenzahlung übernehmen, wenn Ihre Kinder sich ein neues Auto kaufen. Solche Verpflichtungen dauern mindestens drei Jahre, und während dieser Zeit würden Ihre Kinder von Ihrer monatlichen Unterstützung abhängig sein. Das trägt nicht dazu bei, dass sie unabhängig werden.

Geben Sie keine Geschenke, die unerwünscht sind

Alan und Betsy waren beide schnell für etwas zu begeistern. Als sie jung verheiratet waren, kauften sie sich ihr erstes Boot. Während ihre Kinder heranwuchsen, genossen es alle, beinahe jeden Samstag am See zu verbringen. Als ihre Tochter Angie heiratete, erwarteten die Eltern, dass ihr Schwiegersohn Rod und Angie sich regelmäßig mit ihnen am See treffen würden, so wie sie es schon getan hatten, als sie noch befreundet gewesen waren. Doch nach der Hochzeit nahm Rod einen Job an, bei dem er regelmäßig am Samstag arbeiten musste. Angie engagierte sich bei einem Sozialprojekt ihrer Gemeinde. So kam es, dass sich ihre Gewohnheit, sich samstags mit ihrer Familie am See zu treffen, änderte. Ihre Eltern vermissten diese „Familienzeit" außerordentlich und beteten für den Tag, an dem Rod einen anderen Job bekommen würde.

Nach ungefähr einem Jahr fand Rod tatsächlich einen neuen Job, der keine Arbeit am Samstag erforderte. Innerhalb einer Woche kauften Alan und Betsy ein Boot für Rod und Angie, luden sie zum See ein und präsentierten stolz ihre Überraschung. Rod und Angie gaben sich begeistert, doch als sie nach Hause fuhren, waren sie sich beide einig, dass ein Boot eigentlich das Letzte war, das sie jemals haben wollten. Rod interessierte sich nicht für Wassersport und Angie hatte großes Interesse für das Projekt entwickelt, bei dem sie samstags mitarbeitete. Und keiner von beiden hatte Lust, stattdessen die Sonntage am See zu verbringen, da sie aktiv am Gemeindeleben teilnehmen wollten.

Als Rods und Angies Boot Wochenende für Wochenende unberührt am Ufer lag, bemerkten Alan und Betsy, dass sie einen Fehler gemacht hatten. Sie hatten geglaubt, dass das Boot Rod und Angie an den See locken würde und sie wieder eine glückliche Zeit als Familie miteinander verbringen könnten, so wie sie es früher getan hatten. Doch das geschah nicht.

Jetzt mussten sie als Eltern eine Entscheidung treffen. Sie konnten es Rod und Angie entweder übelnehmen, dass sie dieses großzügige Geschenk nicht annehmen und ihre Zeit mit ihren Eltern am See verbringen wollten. Oder sie konnten zugeben, dass es ein Fehler gewesen war, das Boot ohne Rücksprache mit Rod und Angie zu kaufen – vielleicht sogar ein Versuch, sie zu manipulieren, weiterhin zum See zu kommen. Sie entschieden sich, die Verantwortung für ihre zwar gut gemeinte, aber trotzdem törichte Entscheidung zu übernehmen. Abgesehen davon hatten Alan und Betsy ein gutes Verhältnis zu Rod und Angie. Sie trafen sich oft zum Abendessen, wobei ihre Beziehung immer herzlich und positiv war.

Alan und Betsy wollten diese gute Beziehung unbedingt beibehalten, also überlegten sie sich eine Strategie, wie sie mit dem Boot weiter verfahren konnten. Sie waren sich einig, dass sie das Boot verkaufen würden, wenn Rod und Angie einverstanden waren, und das Geld für Angies Sozialprojekt spenden wollten.

Als sie ihren Vorschlag mit Rod und Angie besprachen, war das junge Paar begeistert.

Angie sagte: „Papa, ich habe mich nicht getraut, dir zu sagen, dass wir das Boot gar nicht haben wollen. Ich hatte Angst, dass ich damit deine Gefühle verletze, denn ich weiß, dass du das Boot nur gekauft hast, weil du uns liebst. Doch keiner von uns beiden ist begeistert vom Wassersport. Ich habe es als Kind gemocht, doch jetzt bin ich in einer anderen Lebenssituation. Nun macht es mir unglaublich viel Freude, mich an den Samstagen mit den Kindern in unserem Sozialprojekt zu beschäftigen. Und ich bin begeistert, dass du dich für das interessierst, was ich dort tue. Es gibt so vieles, wo wir praktisch helfen können, und mit deinem Geld sind wir dazu in der Lage. Ich liebe dich so sehr und schätze dein Verständnis." Rod bestätigte Angies Aussage, und damit war das Boottheema erledigt.

Häufig ist es so, dass unsere Vorstellung von einem geeigneten Geschenk nicht der Vorstellung unserer erwachsenen Kinder entspricht. Deshalb verschwenden Sie kein Geld für Geschenke, die nicht gerne angenommen werden. Fragen Sie, bevor Sie geben.

Fördern Sie die Interessen Ihrer verheirateten Kinder

Wir alle entwickeln in den verschiedenen Lebensphasen Interesse für unterschiedliche Ziele. Dabei mag es sich um Erziehung handeln, um den Beruf, um Freizeitgestaltung, Religion oder soziale Interessen. Als unsere Kinder klein waren, halfen wir ihnen dabei, eigene Interessen zu entwickeln. Wenn sie Klavier spielen wollten, organisierten wir Klavierunterricht. Wenn sie Fußball spielen wollten, unterstützten wir sie auch darin. Warum sollte die Unterstützung aufhören, wenn unsere Kinder erwachsen sind?

Wenn Ihre Schwiegertochter sich für Snowboarden interessiert, dann nehmen Sie sich die Zeit, ihr zuzuhören, wenn sie von ihren Sprüngen schwärmt und von dem Spaß, den sie dabei hat. Wenn Sie auf der Suche nach einem passenden Geschenk sind, könnten Sie sie fragen, ob es etwas gibt, das sie für ihre Snowboardausrüstung noch braucht. Ich schlage vor, dass Ihre Schwiegertochter es selbst auswählt. Dann wird es genau das sein, was sie möchte, und sie wird begeistert sein.

Wenn sich Ihr Schwiegersohn für Autorennen interessiert, dann empfehle ich Ihnen, keine abfälligen Kommentare über den „Unsinn“ fallen zu lassen, den ganzen Sonntag lang Autos dabei zuzuschauen, wie sie im Kreis fahren. Das ist vielleicht Ihre ehrliche Meinung, doch Sie werden keine positiven Beziehungen aufbauen können, wenn Sie negative Kommentare über ein besonderes Interesse eines anderen Menschen abgeben. Wenn er sich für Fußball interessiert, dann sollten Sie selbst so viel über Fußball wissen, dass Sie mit ihm eine vernünftige Unterhaltung über sein Hobby führen können. Sie interessieren sich vielleicht nicht für Fußball, doch ich hoffe, dass

Sie sich dafür interessieren, eine gute Beziehung zu Ihrem Schwiegersohn zu haben. Beziehungen bauen darauf auf, dass man sich für die Vorlieben eines anderen interessiert.

Ich erinnere mich an einen Vater, der mir erzählte: „Meine Tochter heiratete einen Mann, der aus Tennessee stammt. Er war Jäger. Um ehrlich zu sein, bin ich noch nie in meinem Leben auf die Jagd gegangen und hatte auch nie Interesse dafür. Doch als er mich zur Hirschjagd einlud und versprach, dass er schon dafür sorgen würde, dass ich nicht erfriere, nahm ich seine Einladung an. Es war einer der entspannendsten Momente in meinem Leben. Auf dem Hochstand zu sitzen und den Geräuschen der Natur zuzuhören, gab mir eine Ruhe, wie ich sie seit Jahren nicht erlebt hatte. Jetzt gehe ich jede Jagdsaison einmal mit ihm auf die Pirsch. Ich habe immer noch kein Interesse daran, einen Hirsch zu töten, doch ich genieße es wirklich, der Natur so nahe zu sein. Und mein Schwiegersohn und ich haben ein sehr gutes Verhältnis. Wer weiß, vielleicht sieht einer von uns ja tatsächlich mal irgendwann einen Hirsch!"

Wenn wir uns auf die Interessen anderer Menschen einlassen, erweitern wir häufig unseren eigenen Erfahrungshorizont, während wir gleichzeitig eine Beziehung aufbauen, die ein Leben lang anhalten kann. Wenn Sie Ihr Interesse für etwas bekunden, das anderen Menschen sehr wichtig ist, dann geben Sie ihnen damit die Freiheit, so zu sein, wie sie sind. Und

Sie entschließen sich damit, ihre Welt zu betreten. So entwickeln sich Freundschaften.

Wenn ich ein Wort wählen sollte, um zu beschreiben, worauf sich unsere Gesellschaft gründet, würde ich das Wort *Freiheit* wählen. Und wenn ich den Schlüssel beschreiben wollte, der uns die Tür zu positiven Beziehungen innerhalb der Familie öffnet, dann würde ich das gleiche Wort wählen. Wenn Sie eine gute Schwiegermutter oder ein guter Schwiegervater sein möchten, dann gewähren Sie jungen Paaren das Geschenk der Freiheit.

Vom Prinzip zur Praxis

Tipps für Eltern:

1. Machen Sie Ihre verheirateten Kinder nicht finanziell von sich abhängig.

2. Geben Sie keine Geschenke, die unerwünscht sind. Fragen Sie stattdessen: „Würde euch das helfen?“

3. Unterstützen Sie die Interessen Ihrer Kinder, indem Sie nachfragen und sie ermutigen.

Tipps für junge Ehepaare:

1. Wenn Sie das Gefühl haben, dass Ihre Eltern versuchen, Ihre Entscheidungen zu kontrollieren, dann bedanken Sie sich zunächst für das Interesse. Doch dann sagen Sie deutlich, dass Sie mehr Freiheit benötigen, um eigene Entscheidungen zu treffen.

2. Nehmen Sie keine Hilfe an, die Sie finanziell abhängig von Ihren Eltern macht.

3. Schränken Sie nicht die Freiheit Ihrer Eltern ein, indem Sie erwarten, dass sie jederzeit als Babysitter zur Verfügung stehen. Fragen Sie vorher, ob sie Zeit hätten, sich um die Kinder zu kümmern.

7. Über allem – die Liebe

Der „Generalschlüssel“, der Ihnen die Türen zu den Herzen Ihrer angeheirateten Familie öffnet, ist die Liebe. Von Natur aus sind wir alle Egoisten: Wir glauben, die Welt würde sich nur um uns drehen. Der positive Effekt einer solchen Einstellung ist es, dass wir uns um unsere eigenen Bedürfnisse kümmern – wir schützen und pflegen uns. Doch wenn unsere Grundbedürfnisse einmal gestillt sind, müssen wir lernen, uns anderen zuzuwenden, um ihnen zu helfen. Das ist die Haltung der Liebe.

Die glücklichsten Menschen auf der ganzen Welt sind die selbstlosen Geber, nicht die Egoisten, die alles für sich hamstern wollen. Jesus sagte: „Geben macht glücklicher als Nehmen.“ (Apostelgeschichte 20,35) Wenn Sie diese Tatsache bei den Beziehungen zu Ihrer angeheirateten Verwandtschaft berücksichtigen, werden Sie das Leben Ihrer Familie verbessern. „Was kann ich tun, um dir zu helfen?“ ist immer eine passende Frage. Die Antwort wird Ihnen zeigen, wie Sie Ihre Liebe auf eine Art und Weise ausdrücken können, die für Ihre Familie bedeutsam ist.

Eine Schwiegermutter stellte ihrer Schwiegertochter einmal diese Frage und erhielt folgende Antwort: „Wenn du mir beibringen könntest, die grünen Bohnen so zu kochen, wie du es immer tust, würde das meine Ehe sehr verbessern, glaube ich.“ Die Schwiegermutter tat es – und es funktionierte!

Die Frage „Was kann ich tun, um dir zu helfen?" löste in der Schwiegertochter die Erinnerung daran aus, wie sehr ihr Mann stets die grünen Bohnen seiner Mutter lobte. Da ihre Schwiegermutter ihre Hilfe anbot, konnte die Schwiegertochter die Frage stellen, ohne in eine peinliche Situation zu geraten. Sie helfen Ihren Verwandten am besten, wenn Sie sich nach dem richten, was diese als hilfreich empfinden, und nicht nach Ihren eigenen Vorstellungen handeln. Letzteres könnte als Belastung gesehen werden, während Ersteres als Zeichen der Liebe empfunden wird.

Stellen Sie sich vor, was in Ihrer Beziehung zu Ihrer Schwiegerfamilie passieren könnte, wenn Sie anfangen würden, die Frage zu stellen: „Was kann ich tun, um dir zu helfen?" Sie werden merken, dass andere Familienmitglieder nach und nach Ihrem Beispiel folgen. Wenn Familien lernen, einander zu lieben und es auf die richtige Art und Weise zeigen, dann verbessert sich das emotionale Klima.

Eine junge Frau stellte mir dazu diese Frage: „Aber was ist, wenn meine Schwiegereltern mich schlecht behandeln? Wie kann ich sie lieben, wenn ich sie nicht leiden kann?" Doch genau das ist es, zu dem Jesus uns herausfordert: dass wir sogar unsere Feinde lieben sollen (siehe Matthäus 5,43-44). Unglücklicherweise stellen sich manchmal unsere Schwiegereltern, Schwager oder Schwägerinnen als „Feinde" heraus. Wenn unser Herz mit Verletzungen, Enttäuschungen, Ärger oder Ablehnung erfüllt ist, dann ist es schwierig, Liebe auszudrücken. Doch mit Gottes Hilfe können wir sogar unsere Feinde lieben.

Dieser Prozess verlangt von uns, dass wir unsere Gefühle zwar wahrnehmen und zugeben, doch sie nicht weiter pflegen. Sie sollten Ihre Gefühle vor sich selbst bekennen, vor Gott und vielleicht vor Ihrem Ehepartner. Doch Sie sollten es ablehnen, diesen negativen Gefühlen weiter Raum zu geben. Sie können Gott sagen: „Herr, du weißt, was ich gegenüber meinen Schwiegereltern empfinde. Du weißt, was sie mir angetan haben und wie sehr mich das verletzt hat. Doch ich weiß, dass es dein Wille für mich ist, sie zu lieben. Deshalb bitte ich dich, dass du mein Herz mit deiner Liebe für sie füllst, denn aus eigener Kraft bringe ich diese Liebe nicht auf. Wirke du in mir." Gott wird Ihnen die Kraft geben, Ihre Schwiegereltern zu fragen: „Was kann ich tun, um euch zu helfen?" Als Reaktion auf ihre Antwort können Sie Ihre Liebe so ausdrücken, dass sie verstanden wird.

Denken Sie daran, dass Liebe kein Gefühl ist. Liebe ist eine Einstellung, eine Entscheidung, die unser Denken und Handeln bestimmt. Liebe sagt: „Ich habe mich entschieden, mich für das zu interessieren, was dir wichtig ist. Wie kann ich dir helfen?" Eine liebevolle Einstellung führt zu einem liebevollen Verhalten.

Es ist eine Tatsache, dass Liebe wiederum Gegenliebe hervorruft. Tatsächlich sagt uns auch die Bibel, dass wir Gott deshalb lieben, weil er uns zuerst geliebt hat (siehe 1. Johannes 4,19). Es ist *seine* Liebe, die in uns die Liebe zu *ihm* weckt. Das gleiche Prinzip funktioniert auch in menschlichen Beziehungen. Wenn ich versuche, meine Liebe gegenüber meinen Schwiegereltern auszudrücken, dann geschieht eine Veränderung in ihnen und sie werden dieses Verhalten über kurz oder lang erwidern. Und wenn sie beginnen, sich für mein Wohlergehen zu interessieren, ändern sich auch meine Gefühle ihnen gegenüber.

Kevin ist ein gutes Beispiel für dieses Prinzip. Er erzählte mir seine Geschichte, als er eines meiner Eheseminare besuchte. Es schien, als sei Kevins Schwiegervater nicht besonders glücklich gewesen, als seine Tochter Kevin heiratete. Kevin war Installateur, sein Schwiegervater hingegen war Rechtsanwalt und hatte gehofft, dass seine Tochter einen Anwalt oder einen Mediziner heiraten würde. Sein Schwiegervater schaffte es, während der Hochzeitsfeier ein freundliches Gesicht aufzusetzen. Doch Kevin wusste tief in seinem Herzen, dass sein Schwiegervater mit ihm nicht einverstanden war.

Ungefähr sechs Monate nach der Hochzeit wachte Kevins Schwiegervater eines Morgens auf und stellte fest, dass sein Vorgarten wegen eines Wasserrohrbruchs überflutet war. Seine Frau ermutigte ihn, Kevin anzurufen, was er schließlich auch tat. „Als ich zu ihrem Haus kam“, erzählte mir Kevin, „sah sein Vorgarten aus wie ein Reisfeld. Überall stand das Wasser. Ich wusste sofort, dass irgendwo in der Verbindung von dem Hausanschluss zu den Leitungen in der Straße ein riesiges Leck sein musste. Ich drehte den Hausanschluss zu und rief meine Frau Janet an. Ich hatte eigentlich versprochen, an jenem Morgen mit ihr einkaufen zu gehen, und ich wollte ihr nun von der Situation bei ihren Eltern berichten. Sie versicherte mir, dass es auf jeden Fall wichtiger war, dass ich die Leitung bei ihren Eltern reparierte. Sie lud uns drei in unser Haus ein, damit wir rasch etwas frühstücken konnten. ‚Gut', sagte ich. ‚In der Zeit kann einiges von dem Wasser im Garten versickern.' Nach dem Frühstück kehrte ich zum Haus meiner Schwiegereltern zurück und verbrachte die nächsten vier Stunden damit, das Leck zu finden und zu reparieren. Als mein Schwiegervater mich für meine Arbeit bezahlen wollte, lehnte ich das ab. Ich sagte ihm: ‚Dafür ist doch die Familie da, dass man sich gegenseitig hilft.' Er war tief berührt."

An diesem Punkt schaltete sich Janet in unser Gespräch ein. „Seit jenem Tag hat mein Vater nie wieder etwas gegen Kevin gesagt. Im Gegenteil, er empfiehlt ihn allen seinen Freunden. ‚Er ist der beste Installateur der ganzen Stadt', sagt er. ‚Wenn ihr euch für Kevin entscheidet, könnt ihr nichts falsch machen.' Ich glaube, mein Vater hat endlich begriffen, dass in der heutigen Welt ein Installateur genauso wichtig und kompetent ist wie ein Anwalt oder ein Arzt. Manchmal sind sie einfach lebensnotwendig. So sehe ich es – der Charakter ist wichtiger als der Beruf. Ich glaube, mein Vater würde mir darin zustimmen."

Kevins Liebestat, seinen Schwiegereltern mit den Fähigkeiten zu helfen, die er hatte, rief eine positive emotionale Reaktion hervor. Seit jenem Tag ist eine gute Beziehung zwischen ihnen entstanden. Aufrichtige Liebe wird selten zurückgewiesen, doch einer muss die Initiative ergreifen.

Wenn es darum geht, dass Liebe praktisch wird, dann kommen mir zwei Worte in den Sinn: *Freundlichkeit* und *Geduld*. In dem großen „Liebeskapitel" im Neuen Testament lesen wir, dass Liebe freundlich und geduldig ist (siehe 1. Korinther 13,4).

Liebe ist freundlich

Lassen Sie uns zuerst über die Freundlichkeit nachdenken, die sich darin äußert, wie wir mit anderen Menschen reden und sie behandeln. Einer der alten hebräischen Weisheitssprüche besagt: „Eine freundliche Antwort vertreibt den Zorn, aber ein kränkendes Wort lässt ihn aufflammen." (Sprüche 15,1)

Unsere Beziehungen zu unseren angeheirateten Verwandten werden besser oder schlechter, je nachdem, wie wir mit ihnen reden. Laute, unfreundliche Worte verschlimmern die Situation. Freundliche, liebevolle Worte verbessern sie. Wenn Sie Ihre Wut auf Ihre Schwiegereltern ausdrücken, indem Sie sie anschreien, dann sind Sie nicht liebevoll. Denn Liebe ist freundlich. Wenn Sie geduldig zuhören und dann erst Ihre Meinung mit ruhiger und freundlicher Stimme äußern, drücken Sie Ihre Liebe aus, selbst wenn Sie vielleicht nicht mit der Meinung Ihrer Schwiegereltern übereinstimmen. Wenn Sie freundlich mit ihnen reden, zeigen Sie Respekt ihnen gegenüber.

Wenn Sie in der Vergangenheit schnell die Beherrschung verloren und Ihre Schwiegereltern mit harten, lauten Worten verletzt haben, dann rate ich Ihnen dringend, sich zu entschuldigen. Sie haben dadurch emotionale Mauern aufgebaut, die nicht einfach verschwinden, wenn man ein wenig Zeit verstreichen lässt. Eine Entschuldigung ist der erste Schritt, der Auftakt, von nun an ein freundliches Verhalten einzuüben. In zukünftigen Unterhaltungen sollten Sie Ihr Gesprächsmuster überprüfen und ändern. Wenn Sie das Gefühl haben, dass Sie gleich wütend werden, dann nehmen Sie sich eine „Auszeit", um abzukühlen. Dann kehren Sie zurück und achten Sie bewusst darauf, dass Sie ruhig und möglichst normal mit der Person sprechen, auf die Sie wütend sind. Wenn Sie lernen, ruhig zu sprechen, haben Sie den ersten Schritt dahin getan, eine freundliche Gesprächshaltung einzuüben.

Nun können Sie sich darauf konzentrieren, die Meinung Ihrer Schwiegereltern zu verstehen, selbst wenn Sie mit ihren Vorstellungen nicht übereinstimmen. „Ich verstehe, wie du dich dabei fühlst, und an deiner Stelle würde ich vielleicht das Gleiche empfinden. Trotzdem möchte ich dir sagen, was ich darüber denke. Vielleicht kannst du es ja nachvollziehen." Mit solchen Kommentaren wenden Sie die Prinzipien für eine Verbesserung der Beziehungen zu Ihrer Schwiegerfamilie an, wie wir sie in diesem Buch besprochen haben. Sie werden so tatsächlich lernen, Ihre Liebe durch freundliche Worte auszudrücken.

Freundlichkeit zeigt sich ebenfalls darin, wie wir andere Menschen behandeln. Kevin tat etwas Gutes, als er das Leck in der Wasserleitung seines Schwiegervaters reparierte, ohne Geld dafür anzunehmen. Solche ungeplanten, spontanen Ausdrucksweisen von Freundlichkeit verbessern die Beziehungen innerhalb der Familie. Dennoch geht Freundlichkeit noch weiter, als einander nur Gefälligkeiten zu erweisen. Sie zeigt sich auch darin, dass wir unsere angeheirateten Verwandten mit Höflichkeit behandeln.

Familien haben sehr unterschiedliche Vorstellungen davon, was es heißt, jemanden höflich zu behandeln. In manchen Familien gilt es als äußerst unhöflich, eine Baseball-Kappe im Haus zu tragen. In anderen Familien ist es üblich, dass man aufsteht, wenn eine Frau den Raum betritt. Wieder andere Familien sind der Meinung, dass ein Mann stets die Tür für eine Frau öffnen sollte. Dann gibt es noch die Tischmanieren. In manchen Familien herrscht die Meinung, dass es unhöflich sei, mit vollem Mund zu sprechen, oder dass ein Ehemann beim Essen zuerst seiner Frau beim Hinsetzen behilflich sein sollte. Höflichkeit kann bedeuten, dass Sie Ihre Serviette auf den Schoß legen und sagen: „Könntest du mir freundlicherweise die Kartoffeln weiterreichen?“ Jede Familie hat ihren eigenen Verhaltenskodex, was Höflichkeit betrifft. Wenn Sie sich über die „Familienregeln“ informieren und sie anwenden, wenn Sie mit Ihren Schwiegereltern zusammen sind, verbessert das Ihre Beziehung sehr.

Ihr Ehepartner ist die beste Quelle, wenn es darum geht, die Regeln und Eigenheiten Ihrer Schwiegerfamilie zu erforschen. Nehmen Sie sich Zeit, um herauszufinden, was Ihre Schwiegereltern als höfliches Verhalten ansehen. Schreiben Sie diese ungeschriebenen Regeln auf, um sich daran zu erinnern, und versuchen Sie, dieses Verhalten umzusetzen. Die Beziehung zu Ihren Schwiegereltern wird sich positiv verändern.

Liebe ist geduldig

Der zweite Schlüssel zum Herzen Ihrer Schwiegereltern ist Geduld. Sie kennen den Spruch: „Rom ist nicht an einem Tag erbaut worden." Das trifft auch auf Beziehungen zu. Geduld muss eine Lebenseinstellung werden. Wir dürfen nicht erwarten, dass alle unsere Unterschiede über Nacht verschwinden oder in einem einzigen Gespräch geklärt werden. Es benötigt Zeit und Einsatz, um den Standpunkt eines anderen zu verstehen und einen guten Umgang mit unseren Meinungsverschiedenheiten zu lernen. Das ist beides ein lebenslanger Prozess und das Herz und die Seele einer Beziehung. Wir können keine positiven Beziehungen aufbauen, wenn wir nicht anhaltend an unserem Gesprächsprozess arbeiten, Verständnis üben, uns gegenseitig bestätigen und versuchen, gute Lösungen zu finden.

Erwarten Sie keinen Perfektionismus von sich selbst oder von Ihren Schwiegereltern. Aber geben Sie sich auch nicht mit weniger als einer liebevollen Beziehung zufrieden. Wir müssen auch mit Rückschlägen rechnen. Keiner von uns verändert sich schnell. Häufig genug fallen wir in alte Verhaltensmuster zurück. Solche Fehler verlangen nach einer Entschuldigung, und Entschuldigungen verlangen nach Vergebung. Wenn wir bereit sind, eigene Fehler einzuräumen und um Vergebung zu bitten, dann wird diese vermutlich gewährt werden und unsere Beziehung kann sich weiterhin konstruktiv und gut entwickeln. Liebe ist die größte positive Kraft in unserer Welt. Freundlichkeit und Geduld sind zwei der wichtigsten Aspekte der Liebe. Lernen Sie es, diese Fähigkeiten zu entwickeln, und Sie werden erfahren, wie Sie freundschaftliche Beziehungen zu Ihrer Schwiegerfamilie aufbauen können.

Vom Prinzip zur Praxis

1. Suchen Sie nach einer Gelegenheit, um Ihre Schwiegereltern zu fragen: „Was kann ich tun, um euch zu helfen?"

2. Können Sie sich an ein Gespräch erinnern, in dem Sie unfreundlich mit Ihren Schwiegereltern gesprochen haben? Haben Sie sich dafür schon entschuldigt? Wenn nicht, warum nicht?

3. Welche Gefälligkeiten haben Sie für Ihre Schwiegereltern in den letzten Monaten getan? Was könnten Sie sich für diesen Monat vornehmen?

4. Welche „Höflichkeitsregeln" sollten Sie anwenden, um die Beziehung zu Ihren Schwiegereltern zu verbessern?

Nachwort

Gute Beziehungen zu den Schwiegereltern, Schwiegerkindern, Schwagern oder Schwägerinnen gehören zu den wertvollsten Dingen im Leben. Wenn wir harmonisch miteinander umgehen, uns gegenseitig unterstützen und ermutigen und einander bei der Verwirklichung unserer Ziele helfen, sind wir auf dem besten Weg dahin, unser von Gott geschenktes Potential zu entfalten.

Dagegen können problematische Beziehungen zu der Schwiegerfamilie tiefe Verletzungen auslösen. Wenn wir Vorbehalte pflegen, einander verletzen oder uns von den anderen zurückziehen, sind wir dabei, eine dauerhaft dysfunktionale Familie zu werden.

Die sieben Einsichten, die ich mit Ihnen in diesem Buch geteilt habe, konnten schon Hunderten von Paaren dabei helfen, gute Beziehungen zur Schwiegerfamilie aufzubauen.

Ich wünsche mir, dass Sie es nicht dabei bewenden lassen, dieses Buch nur zu lesen, sondern dass es Ihnen gelingt, die Einsichten und Ratschläge in Ihrem täglichen Leben umzusetzen. Das wird Sie zwar einiges an Zeit und Energie kosten, aber es wird das Miteinander mit Ihrer angeheirateten Familie auf Dauer zum Positiven hin verändern.

Es lohnt sich auf alle Fälle, an einer guten Beziehung zu den Schwiegereltern oder Schwiegerkindern zu arbeiten. Konstruktive Beziehungen und ein freundschaftliches Miteinander bereichern nicht nur Ihr Leben, sondern auch das Leben Ihrer Kinder und Enkel. Ich bin zuversichtlich, dass Ihnen dieses Buch dabei helfen wird, aufmerksam zuzuhören, respektvoll miteinander umzugehen, für sich selbst zu sprechen, miteinander im Gespräch zu bleiben, zu bitten und nicht zu fordern, Freiheit zu gewähren, und – am wichtigsten von allem – die Mitglieder Ihrer angeheirateten Familie zu lieben.

Ich garantiere Ihnen: Wenn Sie diese Regeln im Umgang miteinander umsetzen, werden die Beziehungen zu Ihrer angeheirateten Familie verbessert und gestärkt, und im besten Fall entstehen sogar freundschaftliche Bande.

Wenn Sie diese Ratschläge hilfreich finden, dann teilen Sie Ihre Einsichten auch mit Ihren Freunden, die wahrscheinlich genauso wie Sie an manchen Punkten mit ihren Schwiegereltern, Schwiegertöchtern oder Schwiegersöhnen zu kämpfen haben.

Die einfachen Prinzipien im Umgang miteinander, die ich in diesem Buch dargestellt habe, werden Ihnen und vielen, vielen anderen helfen, einen guten, vertrauensvollen Umgang mit Ihrer angeheirateten Familie einzuüben. Das wünsche ich Ihnen von Herzen.

Die fünf Sprachen der Liebe

Auf Dauer genügt es nicht, dem Partner unsere Liebe nur zu beteuern. Unseren Worten müssen Taten folgen, damit der andere sich wirklich geliebt fühlt. Doch das ist einfacher gesagt als getan. Wie oft haben wir es schon versucht, und unser Partner war dennoch enttäuscht? Häufig scheint nichts, was wir tun, gut genug zu sein.
Gary Chapman ist dem Geheimnis einer erfüllten Liebesbeziehung auf die Schliche gekommen: Es kommt nicht darauf an, dem anderen irgendeinen Liebesdienst zu erweisen, sondern den richtigen. Und er hilft uns dabei, so schnell wie möglich herauszufinden, welcher das ist. Denn wozu noch länger warten?

Die fünf Sprachen der Liebe – Bildausgabe s/w
ISBN 978-3-86122-621-5
192 Seiten, Paperback

Die fünf Sprachen der Liebe – Textausgabe
ISBN 978-3-86122-126-5
160 Seiten, Paperback

**Auch als Hörbuch:
Die fünf Sprachen der Liebe**
ISBN 978-3-86122-635-2
CD, 60 min. Laufzeit

Das Herzstück der fünf Sprachen der Liebe
ISBN 978-3-86827-040-2
80 Seiten, gebunden

Weitere Titel von Gary Chapman

Gary Chapman
Tonartwechsel in der Ehe
ISBN 978-3-86827-000-6
96 Seiten, gebunden

Ob Morgenmuffel oder Meckertante – was sich durch die rosarote Brille der ersten Liebe wie ein liebenswürdiger Tick ausnimmt, verwandelt sich mit den Ehejahren in eine unerträgliche Marotte. Dennoch können Sie den Tonartwechsel in Ihrer Ehe herbeiführen! Sie werden erleben, dass der Partner sich ändert. Lesen Sie hier, welche Vorgaben Sie ihm dazu geben können. Ob Sie aus der Vergebung leben, die Liebessprache des anderen lernen oder ihn auf dem Weg der Veränderung unterstützen – Dr. Chapman kennt die einzelnen Sprossen der Tonleiter, auf der ein kluger Pianist direkt hinein ins Stimmungshoch klettert. Ändern Sie die Vorzeichen in Ihrer Ehe und wechseln Sie vom melancholischen Moll in ein fröhliches Dur.

Gary Chapman
Streithähne & Turteltauben
An Konflikten reifen
ISBN 978-3-86827-041-9
96 Seiten, gebunden

In jeder Paarbeziehung gibt es Meinungsverschiedenheiten. Doch sie müssen nicht zwangsläufig zu gegenseitigen Verletzungen führen. Allzu oft ist das Ziel des Streitens nicht wirklich, den Konflikt zu lösen, sondern den Streit zu gewinnen. Unglücklicherweise gibt es aber bei jedem Wettkampf immer auch einen Verlierer. Eine Partnerschaft funktioniert jedoch auf Dauer nur, wenn beide sich als Gewinner fühlen. Doch wie kommt man zu solchen „win-win-Situationen“? Gary Chapman verrät Ihnen, wie Sie Konflikte so lösen können, dass Ihre Beziehung dadurch gestärkt wird. Mit seiner Hilfe werden selbst aus den erbittertsten Streithähnen bald wieder Turteltauben.

Gary Chapman
Schlafräuber und Wonneproppen
Wie Kinder eine Ehe verändern
ISBN 978-3-86827-081-5
80 Seiten, gebunden

Nichts verändert eine Ehe so sehr wie die Geburt des ersten Kindes. Heiß ersehnt sorgt der Nachwuchs für viel Wirbel.
Irgendwann stellt sich jedoch die Frage: „Und wo bleibe ich mit meinen Bedürfnissen?" Unzufriedenheit mit der neuen Situation kommt auf.
Damit die Beziehung der Partner trotzdem lebendig bleibt und sich keiner hintangestellt fühlt, hat Chapman diesen Ratgeber für frisch gebackene Eltern geschrieben. Er verrät, wie trotz Schlafentzug, Babygeschrei und kleinen Eifersüchteleien die Liebe zwischen den Partnern gedeiht.

Auch als Hörbuch:

ISBN 978-3-86827-080-8
CD, 66 Min. Laufzeit

Gary Chapman
Checkliste für Ja-Sager
12 Tipps für eine gute Ehe
ISBN 978-3-86827-279-6
128 Seiten, Paperback

„Wenn ich das vorher gewusst hätte, dann …"
Haben Sie sich auch schon einmal bei diesem Gedanken ertappt, als Sie sich über Ihren Partner geärgert haben? Damit ist jetzt Schluss, denn nun können Sie es vorher wissen. Bevor Sie Ja sagen.

Gary Chapman, der New York Times Bestsellerautor der „5 Sprachen der Liebe" hat sie zusammengestellt, die falschen Annahmen und Erwartungen, mit denen so manches Pärchen in die Ehe startet, nur um schon nach kurzer Zeit bitter enttäuscht zu werden, weil sich die Beziehung in eine ganz andere Richtung entwickelt.

Folgen Sie der Checkliste des versierten Eheberaters. Er gibt praktische Tipps, die den Ehealltag bereichern und gegenseitiges Vertrauen und auch einen Neuanfang möglich machen.

Unverzichtbar für alle, die ihrer Ehe, auch der zukünftigen, ein festes Fundament geben wollen.